工业自动化与智能化丛书

打造企业创新优势

企业转型与创新人才培养

孙琳琳 ◎著

图书在版编目（CIP）数据

打造企业创新优势：企业转型与创新人才培养 / 孙琳琳著 . —北京：机械工业出版社，2023.8

（工业自动化与智能化丛书）

ISBN 978-7-111-73438-3

Ⅰ.①打… Ⅱ.①孙… Ⅲ.①企业创新 – 研究 ②创造型人才 – 人才培养 – 研究　Ⅳ.① F273.1 ② C961

中国国家版本馆 CIP 数据核字（2023）第 119219 号

机械工业出版社（北京市百万庄大街 22 号　邮政编码 100037）
策划编辑：王　颖　　　　　　　　　责任编辑：王　颖
责任校对：张亚楠　卢志坚　　　　　责任印制：张　博
保定市中画美凯印刷有限公司印刷
2023 年 9 月第 1 版第 1 次印刷
165mm×225mm·12 印张·176 千字
标准书号：ISBN 978-7-111-73438-3
定价：79.00 元

电话服务　　　　　　　　　　网络服务
客服电话：010-88361066　　机 工 官 网：www.cmpbook.com
　　　　　010-88379833　　机 工 官 博：weibo.com/cmp1952
　　　　　010-68326294　　金 书 网：www.golden-book.com
封底无防伪标均为盗版　　　机工教育服务网：www.cmpedu.com

Preface 前言

企业建立初始就面临着激烈的市场竞争,要在市场竞争中获得优势就要靠优质的产品和服务:优质的产品表现在其性价比始终能够满足客户的需求;优质的服务表现在始终能够最大限度实现客户价值,让客户确实感受到获取价值的满足感。

优质的产品和服务源于企业内部严谨、高水平业务的开展和浓厚的企业创新文化。企业创新文化需要所有员工持续地维护与升华,反过来企业又通过创新文化培养出一批批高水平创新人才。

随着 2001 年我国加入 WTO 之后,企业的竞争平台已经扩展到整个世界,这既是巨大的机遇,同时也是对企业产品和服务的极大挑战。

我国虽已是制造大国,但在许多领域和行业还存在需要研究和攻克的难题,诸如产品研发问题、产品制造问题、创新人才培养问题、企业管理问题等。我国要从规模发展转向高质量和绿色发展。企业发展模式的改变,也就是发展模式的转型,需要大量的人才作为支撑,所以企业各方面的人才是达成发展目标的关键因素。

目前,我国正处在对工业 4.0 进行布局和实施的阶段,这一阶段也是在为实现制造强国的国家战略规划和进行世界范围内的竞争积蓄力量。目前,在工业 1.0、工业 2.0、工业 3.0 以及工业 4.0 并存于我国各个行业和领域的前提下,我们必须走出具有特色的成功之路,创新人才培养是重要路径之一。

各个行业的企业无论处在何等程度的工业发展水平,只有努力开拓市场,注重打造优质产品和服务,不断提升工作标准和业绩水平来拉动人才培养工作,同时深入研究管理人才和使用人才的方法,不断总结,不断设定新的目标,才能逐渐驶入发展的快车道。

我国许多企业内部的各部门之间没有太多的业务交集,结果就使得企业的员工和人才骨干难以做到了解企业的业务全貌,更难以从企业更大的业务范围思考如何做好自己的工作。

本书是从我国企业的转型和升级出发,以如何培养人才以及培养怎样的人才为核心而撰写的。本书共 6 章：第 1 章为企业转型和升级，从企业的使命开始，逐步引出企业高质量发展的途径；第 2 章为目标驱动的企业运营与管理，从企业目标的类型开始，系统介绍企业目标的设定、业务的梳理、目标的管理、工作计划及其实施，以及在运营与管理中建立自下而上的人才培养梯队；第 3 章为企业创新，从塑造勇于挑战的企业文化开始，通过阐述企业创新机会的识别与定位，阐明企业发展应走的道路；第 4 章为企业创新人才要求与培养目标，主要介绍创新人才要求、创新人才培养目标和创新人才培养目标的计划；第 5 章为企业创新人才培养与评价，从介绍创新人才类型，到创新人才培养规划，再到创新人才培养内容、措施和步骤；第 6 章为智能制造及其人才培养，主要介绍我国制造业的发展阶段及特点、智能制造的本质、智能制造系统架构与运维以及智能制造的认知误区。

通过本书，如果企业能够关注到人才培养的重要性，找到适合自己的人才培养的方法和模式，并通过自己培养的众多人才的共同努力，达成一个又一个的战略目标，不断巩固和提升企业竞争力，这将是作者最大的荣幸。

在本书的写作过程中，作者参考了很多学者的文章或专著，十分感谢这些学者的知识、洞察力与贡献，是他们的思想给予作者撰写本书的灵感和激情。

本书可供企业的技术工程师骨干、技能师骨干以及各层管理者在开展业务时参考使用，也可供企业的人力资源部门在培养创新人才过程中参考使用。对于专攻企业人才培养及其业务方法研究工作的在校研究生，本书也有一定的参考价值。

本书在撰写过程中得到了河北工业大学陈子顺教授的大力协助，在此表示衷心感谢！

本书的撰写得到了吉林省科技发展计划项目（YDZJ202103CGZH003）的资助，在此表示感谢。

本书对于创新人才培养过程的原理、观点和论述的不妥之处，欢迎读者批评指正。

孙琳琳

2023 年 2 月

Contents 目录

前言

第1章 企业转型和升级 ·· 1

1.1 企业使命 ·· 1
    1.1.1 企业的生存与发展 ·· 1
    1.1.2 企业的愿景 ·· 6

1.2 什么是企业 ·· 8
    1.2.1 企业的功能 ·· 8
    1.2.2 企业的内涵 ·· 10
    1.2.3 企业的生存条件 ·· 13

1.3 企业转型 ·· 15
    1.3.1 企业转型的研究综述 ·· 15
    1.3.2 企业转型的条件 ·· 19
    1.3.3 企业转型的时机 ·· 21

1.4 企业升级 ·· 23
    1.4.1 企业升级的研究综述 ·· 23
    1.4.2 企业升级的路径 ·· 25
    1.4.3 企业转型与升级的关系 ·· 25

参考文献 ·· 26

第2章 目标驱动的企业运营与管理 ·· 28

2.1 什么是目标管理 ·· 28

2.1.1　目标管理的基本概念 ·················· 28
　　2.1.2　目标管理与PDAI循环 ················· 29
2.2　企业目标的类型 ························· 34
　　2.2.1　企业的战略目标 ···················· 35
　　2.2.2　企业的运营目标 ···················· 37
2.3　企业目标的设定 ························· 44
　　2.3.1　战略目标的设定 ···················· 45
　　2.3.2　运营目标的设定 ···················· 51
2.4　企业业务的梳理 ························· 51
　　2.4.1　业务的种类 ······················ 52
　　2.4.2　业务与部门的配置 ··················· 61
　　2.4.3　业务量与人数的关系 ················· 68
2.5　企业目标的管理 ························· 71
　　2.5.1　战略目标的管理 ···················· 71
　　2.5.2　目标的修正 ······················ 75
2.6　工作计划及其实施 ························ 76
　　2.6.1　计划编制的依据 ···················· 76
　　2.6.2　计划的实施及检查 ··················· 79
　　2.6.3　实施计划中的问题与对策 ················ 80
2.7　在运营与管理中建立自下而上的人才培养梯队 ············ 81
　　2.7.1　人才成长的基础 ···················· 81
　　2.7.2　导师制人才培养模式 ················· 82
　　2.7.3　对人才成长的评价 ··················· 83
　　2.7.4　激发员工的潜力 ···················· 86
　　2.7.5　在"做"中学习与成长 ················· 87
参考文献 ······························· 88

第3章　企业创新 ·························· 90
3.1　塑造勇于挑战的企业文化 ····················· 90
3.2　企业创新事项 ·························· 91
3.3　企业创新机会的识别与定位 ···················· 95
　　3.3.1　创新机会的识别 ···················· 96

3.3.2　创新机会的定位 ·· 96
　3.4　企业创新对象 ··· 97
　　　3.4.1　面向新市场的创新 ·· 98
　　　3.4.2　面向客户的创新 ·· 99
　3.5　企业技术创新成果转让 ·· 99
　3.6　业务标准化与创新 ·· 101
　　　3.6.1　业务增长是创新的基础 ······································· 101
　　　3.6.2　业务标准化是创新的前提 ···································· 102
　　　3.6.3　业务标准化与持续创新 ······································· 104
　参考文献 ·· 108

第4章　企业创新人才要求与培养目标 ·································· 109

　4.1　创新人才要求 ·· 109
　　　4.1.1　创新人才的素养要求 ·· 109
　　　4.1.2　创新人才的专业知识和技能要求 ···························· 113
　　　4.1.3　创新人才的规模要求 ·· 114
　4.2　创新人才培养目标 ·· 116
　　　4.2.1　设定创新人才培养目标的依据 ······························· 116
　　　4.2.2　创新人才培养目标的重点 ···································· 117
　4.3　创新人才培养目标的计划 ··· 119
　　　4.3.1　打破惯性思维 ··· 119
　　　4.3.2　制定长期培养目标计划 ······································· 120

第5章　企业创新人才培养与评价 ······································· 123

　5.1　创新人才类型 ·· 123
　　　5.1.1　基于企业战略规划的创新人才 ······························ 123
　　　5.1.2　基于企业性质和业务板块的创新人才 ···················· 125
　　　5.1.3　基于企业现有业绩的业务开展 ······························ 128
　5.2　创新人才培养规划 ·· 130
　　　5.2.1　人力资源部门的创新人才培养规划 ······················· 130
　　　5.2.2　业务部门的创新人才培养规划 ······························ 134
　5.3　创新人才培养内容、措施和步骤 ································ 146

5.4 建立创新人才培养评价体系 150
　　5.4.1 依据培养目标设计评价标准 150
　　5.4.2 创新人才培养模式评价 154
　　5.4.3 创新人才培养内容评价 155
　　5.4.4 实施评价并得出结论 157
参考文献 158

第6章　智能制造及其人才培养 159

6.1 我国制造业的发展阶段和特点 160
　　6.1.1 我国工业革命的发展阶段和特点 161
　　6.1.2 我国制造业的特征和优势 162
6.2 辨识智能制造的认知误区 164
　　6.2.1 不能将自动化制造当成智能制造 164
　　6.2.2 投入智能制造不等于无人管理 167
6.3 智能制造的本质 171
　　6.3.1 智能制造的内涵 171
　　6.3.2 实施智能制造的目的 173
　　6.3.3 实施智能制造的必要性 175
6.4 智能制造系统架构与运维 176
　　6.4.1 智能制造系统架构 176
　　6.4.2 智能制造系统运维 178
6.5 智能制造中的"智人" 180
　　6.5.1 "智人"的重要作用 180
　　6.5.2 智能制造人才培养 183
参考文献 184

Chapter1 第 1 章

企业转型和升级

社会是以一定物质生产活动为基础的，它存在和发展的前提就是企业所进行的物质资料的生产。因此从广泛意义上说，企业的生存和发展对于国家和社会发展而言是非常重要的。

1.1 企业使命

企业的使命是指企业在地区的经济发展和社会进步中所应担当的角色和责任。企业在制定战略之前，需要先确定企业的使命。这是因为，企业使命的确定过程，也是从总体上找出发挥资源优势的领域和向社会提供怎样的产品和服务的过程，这必然会产生企业明确的发展方向、发展道路、产品和服务战略等。因此可以说，明确企业使命是制定企业战略目标的前提，是战略方案规划和选择的依据，同时也是企业进行资源分配的基础。

1.1.1 企业的生存与发展

1.1.1.1 资源要素

要理清企业的资源要素，必须弄清楚企业的概念。对于企业这一概念，许多人认为它是指"以盈利为目的，运用各种生产要素（土地、劳动力、资本、技术和企业家才能等），向市场提供商品或服务，实行自主经营、自负盈亏、独立核算的法人或其他社会经济组织"。这个企业概念的定义强调以企业自身为主体，在拥有一定的生产要素并形成产品或服务之后，其功能便基本能够实现了。

彼得·德鲁克的著作《管理的实践》[1]对企业的概念、目的和功能做了深刻的阐述。理解什么是企业、企业的目的及其功能、企业如何运营，以及以怎样的信念对待创新人才培养，将有非常重要的指导意义。

《管理的实践》对企业的概念、目的、功能做了如下的阐述：

企业是由人创造和管理的，而不是由"经济力量"创造和管理的。经济力量限制了管理者所能做的事情。经济力量创造了新机会，让管理者能有所作为，但是，经济力量本身却不能决定企业是什么或做什么……

社会经济环境、经济力量为企业的发展提供了机会，但它不能创造企业，企业可以借助社会经济环境中对自己有利的因素来发展和壮大自己。

从上面所述可以得到企业生存与发展的第一个资源要素——企业外部环境提供的机会。由企业外部的政治环境、社会环境、技术环境和经济环境构成的外部环境提供了企业生存与发展的外部条件与基础，同时也赋予了企业发展的机会。

不能单单从利润的角度来定义和解释企业[1]。

常有人将"一个创造利润的组织"或"一个追求利润最大化的组织"作为企业的概念，应该说从利润的角度来定义企业的内涵无助于企业理解已有的优秀运营模式的典范，也无助于得到经营企业的有效方法。

利润不是企业和企业活动的目的，而是企业经营的限制性因素。利润并不能解释所有的企业活动与决策的原因，而是检验企业运营效能的指标。企业的问题不在于如何获得最大利润，而在于如何应对经济活动的风险，避免发生亏损并且使企业能够长期顺利地发展。

任何组织的生命力在于它能够与社会大环境形成和谐的有机整体，要实现这一目标，企业唯一的经营指向就是服务社会并为社会做出尽可能多的贡献。如果企业自己认为已经尽了很大的努力，但是却没有得到应有的评价或回报，那么，企业应从自身找原因并深入分析、从而改进管理、更新技术、提升服务以及不断创新，塑造企业文化。

从上面所述可以得到企业生存与发展的第二个资源要素——定位企业服务于社会的核心责任。企业在向社会做出贡献的过程中，也是企业改进不足，强化优势的过程。

企业的目的是创造客户[1]。企业要设法满足客户要求，即提供客户满意的产品或服务。只有企业采取行动很好地满足客户的需求后，对于企业来说客户才真的存在，同时也是在这一刻市场才真的变成了现实。

客户想要的自然是产品种类选择宽泛、性价比高的产品和热情周到的服务。客户的需求本质上是给企业发出了应开展怎样的业务的信息，起到拉动企业业务的"指令"作用。换句话说只有当客户愿意付钱购买商品和服务时，企业才能把来源于客户的经济资源转变为企业的财富，才能将产品转变为商品，才能实现企业的价值。

客户是企业生存的命脉，是企业发展的基础，有了客户需求的召唤，才能创造就业机会，优秀的企业也正是通过高质量地满足客户的需求，才建立起信誉和口碑，企业才能持续获得创造财富的资源，从而持续地为客户服务。

从上面所述可以得到企业生存与发展的第三个资源要素——发掘客户的需求。企业要以客户的需求为指向，并以此梳理企业活动的内容，提高业务质量和效率，通过不断创新让更多的客户享受由产品和服务带来的新价值，提高客户满意度。

企业的主要功能是营销与创新[1]。企业的第一个功能就是营销，营销是企业独有的功能，作为组织的企业，之所以有别于其他组织（如学校、非营利组织或政府部门等），是因为企业会营销自己的产品和服务。这里的营销不是指单纯的销售行为，而是涵盖整个企业的活动，是从最终成果的视角来看待企业的整个业务，也就是要从客户的角度来看企业，因此企业的所有部门都必须有营销的意识，主动担负起营销的责任。比如，当产品设计工程师拿起铅笔描绘设计图时，他就已经展开了针对销售产品的努力。在设计过程中，工程师要熟知客户对于产品有什么需求、他们愿意以什么价格来购买、何时何地会需要这些产品，产品的销售环节只是企业整体业务的最后一步。

企业的第二个功能是创新，创新也就是要提供更好、更多的产品和服务。企业不一定追求在规模上的持续扩张，但是必须要在现有规模上不断进步，为今后的发展奠定更加坚实的基础。

企业的创新有不同的表现形式，但它们都应该是使企业变得更好的途径。

（1）开发新产品

开发新产品旨在以拥有更好的功能和更简易的操作方式的产品来满足客户的需求。

（2）发掘低成本的途径

发掘低成本的途径旨在不降低（有时甚至提高）产品功能特性的前提下降低产品的成本，进而降低产品价格，提高产品性价比。

（3）为现有产品开发新市场

为现有产品开发新市场旨在使客户享受到具有更加优秀功能的"新产品"所带来的新价值。

1.1.1.2　企业的责任

企业为社会做出贡献是从企业向社会付出的角度来说明其具有自我奉献精神的，从企业的认知上也可以将自己的贡献称为社会责任。从这个观点讲，企业对于社会的贡献无论多少都应予以肯定。所谓责任，是指分内的事情，如果没有履行责任，则应当承担过失。如果从企业为社会应做贡献的责任来说，那么这也就强调了企业为社会做出贡献的底线。企业在追求利润最大化的同时，还应当承担企业内部事务之外的更广泛的社会责任，因为企业的生存和发展依赖于社会环境，理性回应社会的要求是企业应有的经营理念。企业承担的社会责任分为两个方面：从企业内部看，就是要保障员工的尊严、劳动条件和福利待遇，建立公平公正的原则，帮助他们做好职业规划；从企业外部看，企业的社会责任可分为经济责任、文化责任、教育责任、环境责任等几方面。

经济责任主要是指通过提供丰富的物质产品而繁荣社会，也就是为社会创造财富的同时改善人民的生活水平和幸福感受。

文化责任是指其价值观、信念、仪式和处事方式等方面所呈现出来的特有的文化现象，其核心是企业的精神和价值观。企业是其所在地区的一分子，因而企业有责任建立具有影响本地区的优秀文化。

教育责任体现在两个方面：一方面是在企业内部，教育员工按照企业规定的标准和规范进行生产活动，保证产品质量，杜绝浪费，勇于创新；另一方面主要是企业要教育员工在行为上符合社会公德，遵纪守法，爱护环境，使每一位员工都成为社会的模范公民。

环境责任是指企业对环境整体维护中应承担的责任。该责任主要包括企业在产品设计中对零部件材料的选择、产品制造工艺的选择、产品在服役过程中对环境及人的友好性等方面应具有的符合社会发展要求的属性。

企业的社会责任要求企业的决策能够保证员工、客户、环境、社区和雇主都能健康发展并保持和谐。

企业本身应主动承担起社会赋予的责任并感到其具有的迫切性和必要性，这是企业保持和发展与各个利益相关者之间契约关系的需要。企业不仅是一个独立的法人，而且需要各种利益相关者的参与。各种利益相关者包括以下四方面：一是劳动的提供者，即员工；二是土地及环境资源的提供者，即国家；三是原材料和零部件的提供者，即供应商；四是产品或服务的购买者，即客户。

在市场经济体制中，这些利益相关者彼此之间的关系是一种平等交易的契约关系，是企业存在所不可缺少的，正是这种相互依存的关系才促进了企业经济的发展和财富的增加。因此，企业必须维系这种相互依存关系，才能使企业获得生存和发展，而企业对社会履行自己的责任，正是对契约关系各方利益的最好维护，自然也会起到巩固和发展契约关系的作用。

企业承担为社会做贡献的责任，这是企业自身伦理道德的要求。一个企业是否强大，是否具有发展的潜力，除了企业现有的管理水平、技术力量、员工素质等多方面的要求以外，还有企业伦理道德的要求。以伦理道德为主要内容的企业文化的形成和发展，是一个企业成熟的标志，所以企业在为股东赚取更多利润的时候，其前提是必须在自身的思维和行为上建立起伦理道德的框架和准则，并约束自己必须遵守该准则，必须承担起自己的社会责任，使企业、市场和社会获得共同的繁荣和发展，使企业成为社会良性循环的维护者。任何企业的存在和发展，只有在它拥有被社会大多数人所接受的道德上的正当性时，才能被大众视为是正义的，才能为社会大众所认可和接受，企业才能成长壮大。

1.1.2 企业的愿景

1.1.2.1 企业愿景的定义

企业愿景（vision），是企业以目前境况为基础，对未来期望达到的一种状态或景象的表达，是企业管理层对企业发展方向和前景的概括性描述[2]。这种描述能够激发员工内心的工作热情，能够增强企业的凝聚力和向心力。企业愿景由核心理念和未来展望两部分组成。核心理念是企业存在的根本原因，是企业的灵魂，是企业精神和企业凝聚力的具体体现，也是激励员工永远进取的动力源泉。未来展望代表企业追求和努力要做的事情，它随着企业经营环境的改变而改变。企业愿景的核心理念和未来展望，二者相辅相成，构成企业发展的内在驱动力。

核心理念由核心价值观和核心目的构成。核心价值观是企业最根本的价值取向和推崇的信念，它是制定企业任何活动原则的准则。核心价值观决定了企业的信念、承诺和追求。例如，

波音公司的核心价值观是"永为先驱，尽善尽美"。

福特汽车公司的是"客户满意至上，生产大多数人买得起的汽车"。

丰田汽车公司的是"上下一致，至诚服务；开发创造，产业报国；追求质朴，超越时代；鱼情友爱，亲如一家"。

强生公司的是"客户第一，员工第二，社会第三，股东第四"。

英特尔公司的是"以客户为导向，纪律严明，质量至上，鼓励尝试冒险，良好的工作环境"。

战略目标是对未来10年、20年或更远将来的远大目标的概括、生动的描述。战略目标必须以高远的目标和宏大的形象来描述企业的未来，才能激起员工的热情和激情，才能得到员工的高度认同，才能使员工全身心地投入。例如，丰田汽车公司对汽车未来的电动化战略及规划[3]如下：

从2020年开始，正式推广EV（纯电动车）。具体而言，丰田将于2020年在中国正式引进自主研发的量产型EV，然后计划到21世纪20年代前半

期在全球推出 10 多款 EV；

到 2025 年，为销售的所有车型设定电动化选项，不断扩大电动专用车的产品阵容，同时为所有车型设定电动化车型选择。到 2025 年前后，只配备传统发动机的车型将变为零；

到 2030 年，在所有市售丰田车中，电动化车辆将占到 50% 以上，其中 EV 和 FCV（氢燃料电池车）占到 10% 以上，换算成销量，电动化车辆合计达到 550 万辆以上，不使用汽油的 EV 和 FCV 将达到 100 万辆以上的规模。

到 2050 年，丰田要达成全球新车平均行驶过程中 CO_2 排放量削减 90%，并挑战新车 CO_2 零排放！

企业愿景是指企业长期的发展方向、目标、目的，以及自我设定的社会责任和义务[4]。

1.1.2.2　企业奋斗的方向与目标

企业奋斗的方向就是由企业使命和愿景所确定的方向，如果企业在审视自己承诺的使命和描绘的愿景时判定为持续有效，那么企业就要坚定地按原有的方向全力努力。企业的使命是对社会的承诺，它约束着自己，也激励着自身一切活动都朝着使命和愿景所确定的方向发展，并在此过程中尽力为相关方做出更多的贡献。但是，企业在经营与发展过程中，需要充分研究内外部环境的具体情况，把握有利条件，促使企业快速发展。

企业奋斗的目标来自对企业使命的具体化，是对企业发展方向和企业活动内容的一种描述。企业活动分为两个方面：一方面指企业的内部活动，另一方面指企业在外部环境中的活动。

企业的内部活动在宏观层面以企业的使命为指向，一切活动的形成和业务的产生都将在使命的引导下进行；在中观层面主要以按照战略规划形成运营的中短期运营计划为目标；而在微观层面主要是指企业近期开展的具体业务，主要包含产品研发和产品制造，以及在开展具体业务过程中的创新人才培养工作。

企业在外部环境中的活动以企业的使命为指向，通过与企业外部环境中的法规因素、经济因素、社会和文化因素以及技术因素的交互作用而获得新的发展机遇、新的外部资源，以及调整企业发展战略的新依据。

可以说，企业践行其使命是通过对企业内部和外部全方位资源的整合和改进来提升企业竞争能力的。

企业通过生产运营活动可以向社会（或市场）提供产品或服务，以实现其经营目标，在这个过程中，企业需要许多外部资源才能实现其目的，包括物料、人力资源、技术、政策法规等。企业竞争力的强弱在很大程度上取决于将外部环境中输入的社会资源经过企业的生产活动转换为输出资源（即企业的产品和服务）能力的大小，在资源输入、转换和输出的过程中，企业应着重塑造使自身具有独特价值的资源优势，包括资源的稀缺性、不可模仿性、不可替代性和持久性。

上面表征企业需要取得和维持的独特资源优势，都必须依赖企业所拥有的一大批创新人才。

1.2 什么是企业

企业是社会的组成要素，企业的贡献对象也是社会。基于此，企业的概念可以定义为以贡献社会为目的，以创造客户、开拓市场为手段的组织。

1.2.1 企业的功能

企业的功能是通过向社会提供优质的产品和服务来满足客户需求而实现的。客户的需求随着时间是变化和发展的，因此企业也自然应该在主动探查这种需求变化及变化趋势的基础上寻找为客户创造更多价值的机会。

1.2.1.1 企业不仅仅提供产品和服务

向市场提供优质产品和服务是企业与社会交互的基本手段。企业在社会经济活动中有如下的作用。

1. 企业作为国民经济的基本组成部分，是市场经济活动的主要参与者和贡献者

国民经济是由各行各业构成的各个经济部门的总和，它的基本构成单元是企业、事业和行政单位等。一个实力强劲的企业对于市场经济活动起着非常重要的作用，企业向社会提供优质的产品和服务来满足市场一部分客

户的需求是其基本任务，除此之外，企业还应伴随着产品和服务提供更多的价值，消耗更少的资源，对环境更友好。

2. 企业是社会物质资源的提供者和输送者

企业制造产品需要来自社会的物质资源，通过企业加工生产后形成产品，即改变成另一种形式的物质资源，然而这是一种能满足社会更高一级的需求和能够产生更大价值的物质资源。

3. 企业是社会财富的创造者

在应用来自社会的物质资源进行生产的过程中，企业注入了大量的知识、智慧和创新，在很好满足客户需求基础上，也强大了企业自身，可以说这一生产过程是增值的过程，也是创造财富的过程，这为社会财富的积累做出了贡献。

4. 企业是发展社会生产力的主要承担者

社会生产力包含三个要素，即劳动者、劳动资料和劳动对象。其中，劳动者是指具有劳动能力且以劳动作为主要活动的人；劳动资料也就是劳动手段，是指劳动者在劳动过程中用来改变或影响劳动对象某种参数或属性的一切物质资料或物质条件；劳动对象是指在物质资料生产过程中利用生产工具将劳动加于其上的所有事物。

企业生产力系统所呈现的生产力是社会生产力的组成部分。企业关于员工、产品制造装备和产品的所有能力的提升都是对提高社会生产力水平的贡献，换句话说，企业是发展社会生产力的主要承担者。

1.2.1.2　企业是塑造创新人才的场所

正如前文提及，企业是以贡献社会为目的，以创造客户、开拓市场为手段的组织。企业的业务是从寻找和确定市场机会、确定满足市场需求的新产品及其实现到市场服务等诸项业务的集合，每项业务都需要专业知识和业务功底深厚的人才来支撑，他们深厚的知识和业务功底帮助企业提供高质量的产品和服务，反过来各项业务的高标准要求又提升了他们的技能和能力。客户的需求是不断变化的，每项业务都需要随着客户需求的变化而改变，在必须满足客户需求的大前提下，这种情况自然地就将每个人置于创新的氛围中，促使他们主动创新，提升创新能力，因此可以说企业是真正塑造创新人才的场所。

1.2.2 企业的内涵

企业的内涵通常是指按照市场经济规律和现代企业制度的要求,全面推进企业现代化管理,不断提高企业的综合素质和竞争能力,确保企业的经济效益持续、稳定增长。例如,企业战略发展规划、现代企业管理制度、创新文化、团队精神等都是企业内涵的组成部分[4]。

1.2.2.1 企业的业务

企业的业务来源主要有两个方面:其一是针对已确定的市场,对于已确定的市场,企业的两个重点工作是满足当下已确定的客户需求和探索满足已确定需求的升级需求;其二是针对开发新市场,企业为了创造新客户探索满足新需求的策略和方法。这些业务由企业各个相关职能部门分担并按照制定的业务标准计划推进,最终由企业提供优质的产品和服务来满足客户的需求。企业业务与客户需求的关系如图1-1所示。

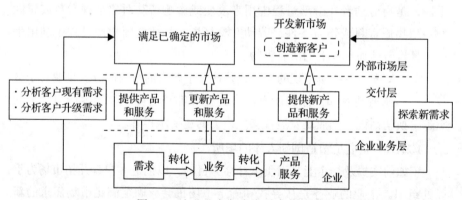

图1-1 企业业务与客户需求的关系

企业在满足已确定的市场情况下,使用已有的技术和业务标准即可完成新的业务。基于需求和企业已有知识的产品设计与制造过程示意图如图1-2所示。

在这种情形下,企业的主要任务是保证市场供应、保证产品质量、降低制造成本、保证市场服务和挖掘潜在需求。

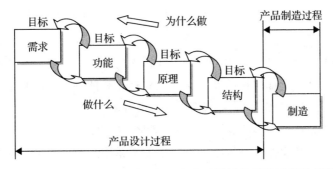

图 1-2　基于需求和企业已有知识的产品设计与制造过程示意图

企业在开发新市场的情况下，需要应用部分新技术和新业务标准。在这种情形下，企业需要解决的主要问题有搜索行业内和行业外的有关技术，然后评估、验证并得出结论；开发所需要的新技术，可以应用技术预测的策略以获取新技术；在一个产品中进行综合应用现有技术与开发的新技术的相容性评估。

对于需要进行产品改进或者升级的情形，企业可以通过如图 1-3 所示的改进产品所需新技术的开发过程来获取新技术。

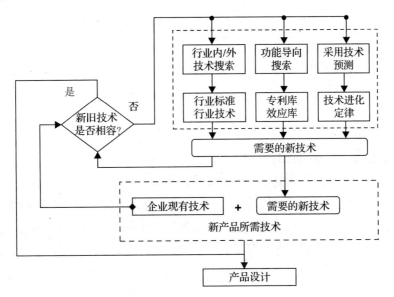

图 1-3　改进产品所需新技术的开发过程

当企业需要应用新技术开发新产品时，企业使用实现现有产品主要功能的技术是不充分的，这就意味着企业需要开发或寻找更先进的技术来替代现有的技术。更先进的技术可以来自知识库的检索，也可以采用新的原理和结构，但是无论如何选择新技术的原则首先是能够满足客户的需求，其次是能够最大限度地应用企业现有的各方面资源。

当企业需要提升业务标准和管理水平时，在提供的产品和服务满足了客户的需求后，企业并不是维持现有的供需关系作为企业全部的业务。在这个过程中，企业主要的努力方向应该是如何提高产品和服务的质量，如何降低生产成本，也就是需要不断探索适合自身快速发展的管理模式并不断提高竞争能力。企业向市场提供优质产品和服务的管理架构如图1-4所示。

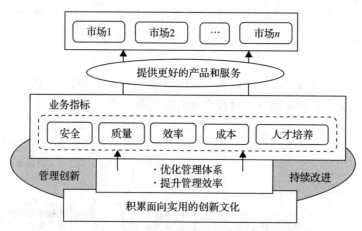

图1-4　企业向市场提供优质产品和服务的管理架构

1.2.2.2　企业的知识

企业为市场提供满意的产品和服务，并衍生出每天要开展的业务。这些业务在日常推进过程中是以每个职能部门需要完成相应的任务指标来体现的。比如，针对某一细分市场进行产品策划的任务，对于下个月的生产任务需要完成外购零部件的采购任务，需要制定更优化的生产计划任务，需要完成进一步降低产品制造不良率的任务，完成减少产品制造成本的任务等。一般地说，完成通常的任务只需要企业的现有知识即可，然而要完成具有挑战性质的任务常常需要解决其中的关键问题，这需要企业所未拥有的新知识，因而解决这样的关键问题对于企业来说是困难的。企业必须认识到完成通常的任务并不能增加企业的知识，只有解决关键问题才能增加新知识。

解决问题需要知识，特别是在企业从当前状态到更高水平的目标状态迁移时的知识。当迁移所需要的知识足够时，企业就可以按计划达到新的目标水平；当迁移所需要的知识不足时，新的目标水平就难以达到。职能部门在开展业务时所表现的知识不足，常常是以在解决业务问题时的某些环节不知如何进行为表征的。这时，企业相应的职能部门为了解决问题，就应该在这些环节对于所缺少的知识进行知识创造，直到完全具备从当前状态到更高水平的目标状态迁移所需要的知识为止。然后，知识管理职能部门需要将新创造的知识纳入部门的知识库，新知识可以用"标准"的形式记录，也可以用解决问题的"业务方法和要领"的形式记录。

企业的主要功能是营销与创新。对于市场而言，企业需要通过营销获取市场机会，进而通过提供优质的产品和服务来满足客户的需求得到更广阔的发展空间。为了满足逐步提高的客户需求并不断提高竞争能力，企业在开展业务时就需要不断提升业务标准，不断地通过创新来创造新的知识。可以说，企业经营与发展的过程就是创新的过程和知识创造的过程。

1.2.3　企业的生存条件

企业依靠什么生存？当企业利用产品和服务来满足自己创造的客户需求时，也就是为客户交付价值后，企业便可以获得应有的资金回报。

1.2.3.1　提高企业要素资源开发获取能力的重要性

来自市场的资金回报对支撑企业的持续发展具有重要意义，企业的机能活力和盈利能力决定了资金回报的状况。充足的资金回报使企业生存与发展所依赖的资源是充足和丰富的。由决策层、管理层和执行层构成的企业运营和管理架构，必须形成强大的盈利能力，必须能够创造出企业发展所需的必要资源，必须具备要素资源的开发获取能力。没有资金、设备、人、产品、服务、市场、技术等要素资源，企业将无法生存，更无法发展。资源是企业生存的基本要素，获得可靠和充足的必要资源是企业经营与运营的核心任务。

企业要素资源开发获取能力包括品牌价值的塑造能力、新技术的创造、引进、应用能力，新产品的创造、更新、制造能力，市场渠道的开发、管理、更新能力，资金的筹措、周转、增值能力，员工的工作素质、工作技能提升能力，以及团结、和谐、奋斗的组织塑造能力等。

在要素资源获取和资源价值整合、转换方面具备较强能力的企业，才能够拥有良好的盈利能力，并持续地保持盈利能力。资源获取并不难，对企业而言，资金、设备、产品、技术、市场等资源永远都不缺，缺乏的是获取资源的能力和整合资源价值的能力，而获取资源能力和整合资源价值能力的本质是企业的组织机制功能与活力。组织机制功能强大，组织充满工作活力和创造活力，资源的获取与资源价值的整合就轻而易举。

1.2.3.2 企业的业务改变的因素

企业的业务来自企业战略规划以及战略目标的分解，同时受市场和客户需求变化的影响，因而企业的业务具有在动态变化中推进的特点，企业业务改变的因素如下：

1. 新法规的要求

企业生产产品首先要遵守国家法令法规的要求。国家常常会依据国际动态和国家发展的需要修订已有的或者增加新的法令法规。新的法令法规有时会对相关行业和企业带来较大影响，甚至会引起企业现有技术的淘汰与升级。

2. 新技术的诞生

每个行业的企业在经营过程中总会产生新的技术，这些新技术因应客户提出的新需求而产生，之后会以新产品的方式满足客户的新需求。企业可以自己研发新的技术，可以类比本行业或其他行业的技术来产生新的技术，也可以通过集成等方式产生新的技术。为了达到应用新技术的效果，企业的许多业务内容和业务标准都需要做出较大的调整，包括应用新技术的产品研发、新产品规格的制定、新产品质量标准的制定、质量控制体系的策划等。

3. 客户的要求

客户购买产品的行为动机来自满足其需求的愿望，当购买产品后其需求得到满足，但随着时间的推移，客户会感到现有产品的不足，这包括对于功能数量和功能质量不再满意的心情出现等。当然，对于企业而言，这属于出现了新的市场机会，同时也出现了新的挑战。

4. 竞争对手的动态

企业的经营与管理必须向保持和提升竞争优势的方向努力，因此企业对谁是竞争对手、谁是潜在的竞争对手、竞争对手产品和服务的动态、竞争对手技术的动态等各种对本企业有威胁的信息都应该积极获取并进行深入分析，然后根据得出的结论对企业的战略规划和业务分解做出有针对性的调整。

引起企业业务变化的另一个方面来自企业的内部。一个力图百年长青的企业总是期望让自己在客户心目中具有很高的信任度，在社会上具有很高的声誉，拥有高效的新产品研发流程和先进的产品制造系统，崇尚创新，热衷培养创新人才和尊重人才，善于营造开放式和与时俱进的企业创新文化。这样的企业非常注重"改变"开展业务的流程和方法，注重企业整体业绩的提升，会仔细探查开展业务过程的每个细节以期发现创新机会。这样的企业对待"失败"并不认为仅仅是损失，更要找出问题的根本原因，然后举一反三，最后将"失败"转变成企业进步的阶梯。

1.3 企业转型

改革开放40多年来，我国制造业取得突出成就，建成了门类齐全、独立完整的产业体系，规模跃居世界第一，创新能力不断增强。当前我国制造业发展已经迈入新时代，从粗放化、外延式发展方式转向集约化、内涵式发展方式，从规模速度竞争模式转向质量效益竞争模式。建设现代化制造业体系，是新时代赋予我国制造业新的历史使命[5]。

1.3.1 企业转型的研究综述

转型升级在近年来成为企业界与学术界关注和研究的重要课题，国内外学者对这个课题的研究目的很明显，就是企业在今后以怎样的经营模式与发展策略才能使企业由弱到强、由小到大，进而不断实现企业的使命和履行企业的责任。

1. 国内外对于企业转型的研究近况

对于企业转型的研究，国内外学者从不同角度给予了广泛的关注，但至今对企业转型还没有统一的定义。

唐辉亮等[6]通过研究提出转型这个词汇在20世纪80年代才引入经济管理领域，在宏观、中观和微观三个层面都得到了广泛应用。宏观层面主要从国家层面来研究经济转型或转轨，国内外学者一般把"转型"理解为从计划经济向市场经济的转变；中观层面则主要指区域经济转型、资源性城市转型、产业转型等；微观层面是指从企业的角度来研究转型，现有的研究主要集中在企业组织转型、企业战略转型、企业业务转型等方面。

李烨等[7]描述了国外学者在组织转型方面的研究：组织学家贝克哈德从组织行为学的角度将企业组织转型定义为组织在形式、结构和性质上发生的变革；莱维和梅丽将组织转型描述为一种彻底的、全面的变革，认为组织转型需要解决组织的核心流程、精神、意识、创新能力和进化等方面的问题；巴图克认为，组织转型是一种发生在组织对自身认识上的跳跃式的变革，并伴随着组织战略、结构、权力方式、模式等各方面的变化。

李若辉等[8]在研究企业转型时发现，现有文献主要集中于两个层面：一种是企业行业属性的转变；另一种是企业内部组织、管理等方面的调整和改变。前者如著名学者Poter提出，企业成功不仅取决于其是否具有较高的行业竞争优势，而且取决于它所处的产业是否具有较大盈利潜力；后者如Blumenthal等将企业转型概括为企业组织革新和再造，强调转型是企业在认知、思考及行为上的全新改变，包括企业组织结构形式转变、战略目标转换，甚至是商业模式变化等。

我国学者王吉发等[9]认为，狭义的企业转型往往是由于自身在所处行业的竞争能力降低和竞争优势衰退，促使企业通过组织等的变革，提升企业在产业内的能力；或者由于所处行业的衰退，企业发展前景黯淡，迫使企业不得不主动或被动地采取产业转移的战略，寻求新的经济增长点，使企业获得新的生机，这种行业间的转移，可能是企业保留原有行业的业务，实行多元化的策略，也可能是完全退出原有行业，全部进入新的行业，从形式上看，企业转型属于战略转换，但区别于一般性企业战略转换的内涵。

吴家曦等[10]认为，一般来说，企业的转型升级可以从转型和升级两个层面来理解，转型就是从一种状态向另一种状态的转变，即企业在不同产业之间的转换和不同发展模式之间的转变，前者表现为转行，后者表现为转轨。

李烨等[7]对20世纪80年代以来西方企业转型的四种主流模式进行了比较分析，即重组式转型、再造式转型、革新式转型和再生式转型，并从转型动因、变革性质、转型目标、学者代表、典型企业和起始年代六个维度对这四种转型模式进行综合比较，得出了自20世纪80年代以来西方企业转型模式的基本走势：①从转型内容的关注点看，逐渐从单方面内容转型（如业务流程、业务内容、组织结构等）到多方面内容转型且更强调观念和行为模式的转变；②从转型所追求的目标看，从仅仅追求短期绩效（财务视角）到长期发展（战略视角）和短期生存相结合的演变；③从转型的复杂程度看，随着转型内容的日渐多元化，转型难度及其复杂性日渐增加；④从转型态度来看，体现为逐渐从危机驱动下的被迫转型转向战略导向下的主动转型。

我国学者王吉发等[9]指出，如果以企业现有的能力，即使变革，企业也不能在行业内谋求新的发展空间或者所属行业已经处在衰退期，那么企业就应将注意力集中于行业以外的新生领域，以谋求新的经济增长点，甚至可以考虑退出现有行业。

从国内外学者对于企业转型的背景、目的和内容的分析来看，大多企业是在经营境况持续走低或发展前景暗淡而又在小范围内找不到有效突破机会时，为了从根本上扭转当前的不利局面，进而从多维度（包括组织层面、产品方面和营销方面等）进行深度和大幅度调整活动，甚至转变到新的产业或新的行业这样巨大战略转移和调整活动上来。

2. 本书对于企业转型的观点

本书认为，所谓转型，就是将现有企业内部的运营逻辑和与外部的交互方式重塑为另一种能够使企业逐步形成竞争优势的新模型。这里转型的含义就是打破或突破导致企业呈现当前不满意状态的若干"约束"的集合并建立新的"约束"，而新的"约束"（即新的"型"）无论对于企业内部还是企业外部的交互，都能够使企业充分发挥现有资源的作用，并且在此情况下能够以更好的状态生存与发展。

进一步地说，企业战略、企业文化、业务方法，以及企业对待持续改进的认知和行动等方面构成了企业的"型"。"型"有时可以简单理解为企业营运的方式或模式。

特别强调的是，企业对于内、外部业务以及开展业务的方法需要保持持续改进的态势，如果企业在某一方面的业绩欠佳，就说明在影响这一业绩方面的工作出现了问题，比如工作改进发生迟缓或停顿。工作改进的态势趋缓或者停顿常常是由于企业出现了满足或者松懈的态度，甚至认为只要按照当前开展业务的方法按部就班即可，持这种观点的管理者并非罕见！而事实上，对于各项业务，企业想依靠"维持"的做法来保持已取得的业绩是困难的，所以唯有不断地进行改进才能获取源源不断的内动力。

企业的管理者应认识到企业运营过程中出现的任何没有达到业务目标的各种问题，这除了涉及该项业务具体的直接原因之外，深层原因是管理系统方面的问题，所以深化企业管理、夯实管理基础并随着企业内外形势的变化不断进行管理创新，是企业管理层应实时和长期掌控的重点事项。企业业务的开展、竞争力的提高和业绩的取得，都离不开具有创新能力的优秀人才充分发挥其创新能力和努力的工作。企业对于外部的功能就是创造更多的客户，其实质就是企业应用创造的新知识能够为客户创造更多的价值并被客户所认可。创新人才具有发掘业务创新机会并付诸实施的能力，能帮助企业突破运营过程中遇到的各种问题。企业日常运营过程中在开展业务（例如降低成本）的思路、企业管理的理念与方法、创新人才的培养机制等方面应注重聚集力量并实现突破，打造内生动力自我成长的长效机制，实现在保持企业竞争优势的基础上不断发展。

创新是使企业竞争力不断提升的动力源泉，因此企业在运营过程中应主动营造创新的机会。成功企业常常采用的是资源配置"欠充足"法，在这种情况下，为了完成既定目标，必须采取与以前不同的、更合理的新方法，新方法的获取需要创新，需要通过创新产生的新知识。反过来说，企业为了评价一段时间以来某项业务取得进步的程度，也会用节省出了多少资源来衡量，比如节省的人工数、时间数、原材料数等。

企业一味固守以降低成本来保持一定收益规模的经营模式并形成竞争优势的想法是难以持续的，比如当劳动力、生产物资等费用大幅上升时，企业的利润自然会大幅下降。在这种情况下，企业应该考虑采用降低成本之外的其他策略，来弥补因行业发展趋缓所带来的不利影响，这些策略包括：向客户提供具有更高价值的产品；采用大规模定制化模式；采用新的商业模式；增加服务维度。

1.3.2 企业转型的条件

当企业发展回落或者停滞时，不管是由于企业所在行业发展趋缓的原因，还是由于企业自身的原因，本书的观点并不主张采用战略大转移的方式来到其他产业或行业，以获得期望摆脱困境的转机，因为这种做法隐含着巨大的风险。

每个企业都期望能够按照自己制定的发展战略顺利发展，进而实现自己的使命和愿景，并在此过程中不断成长壮大，成为受客户信赖和受社会尊敬的企业代表。若要成为这样的企业，则必须具备以下特点：

1）一直能够做到产品满足客户需求，而且在此基础上可预测客户的下一个需求；

2）产品的功能、质量、可靠性和价格能被大多数客户所接受；

3）使客户有方便的产品获取渠道；

4）对产品在市场上的竞争位置以及需要改进的方面有清晰的掌控；

5）对竞争对手的产品优势有深刻了解并制定有效的竞争措施；

6）对竞争对手的技术及变化倾向有及时的了解；

7）对产品应用的技术处在生命周期的位置有准确的掌控，并对其替代技术已有准备。

在经营过程中，企业应经常审视当前的发展是否符合战略要求，是否符合当下社会环境的发展要求，以及发展速度是否符合市场竞争的要求。如果发现某一方面的发展趋缓或停顿，则应及时查找其根本原因并予以纠正。

如果企业在日常不注重底层核心技术的积累，那么企业的技术就会呈现

"僵化"的状态,难以"脱胎换骨"。在这种情况下,企业若想通过快速改变技术达到获取竞争的主动性和灵活性的目标是困难的,更谈不上采取大的战略转移来到较为陌生的新产业或新行业以谋求生存和发展了。也就是说,没有底层核心技术积累的企业,在本行业经营多年忽遇经营不善,甚至难以经营下去的情况时,是没有条件进入陌生产业或行业的。企业为了快速积累底层核心技术与知识,就必须注重创新人才的培养与应用。

(1) 企业运营要以创新人才培养为先

在人、财、物、信息等企业资源的组成中,人力资源是最活跃的资源。企业要想保持快速响应市场变化的能力,并且在此基础上不断得到发展和壮大,那么企业必须有长期的创新人才培养机制,并根据企业的发展战略和市场竞争要求,不断培养大批创新人才。有了丰富的高质量人力资源,企业就可以产生为了竞争和发展的其他必要资源。

(2) 企业是人才的集合体,是知识创造的摇篮

在人才培养的问题上,企业无论持有多高的重视度都是应该的。不仅如此,人才的培养并不是开设若干次课程、有考试成绩和培训记录就可以了,而应该将人才培养过程融入企业经营过程,也就是说企业的经营过程同时也是创新人才的培养过程。当然,以怎样的形式和方法才能实现企业运营的目标,又能很好地达到创新人才培养的目标,这是企业需要重点研究的问题。

寓培养人才于企业运营之中,旨在将培养人才过程中产生的新知识与企业开展的业务紧密关联,这与实现企业运营目标具有紧密的支撑关系,即以在人才培养过程中由创新人才创造的新知识,为提升企业竞争力提供源源不断的知识资源。企业竞争力与人才培养的关系如图1-5所示。

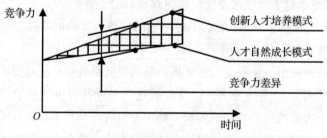

图1-5 企业竞争力与人才培养的关系

（3）企业要创造使创新人才充分释放创新能力的平台

在发挥人才工作积极性和释放创新能力方面，企业首先要营造鼓励创新、尊重人才的文化氛围，帮助创新人才实现他们解决企业难题的创新想法，主动为其排除创新可能产生失败的思想压力，调动他们在查找失败原因基础上继续创新的积极性。

1.3.3 企业转型的时机

研究世界上知名大企业的发展史不难发现，每一个企业从筹建初期开始，到逐步发展成世界上知名的大企业，在这过程中都曾历经坎坷和沉浮，但是又在极其重要的几个关头做出了重要和正确的决策，而使企业得到了跨越式发展，无论从企业竞争能力上还是从规模上，最终成为世界级大企业[11]。企业发展的各个时期及其特点见表1-1。

表1-1 企业发展的各个时期及其特点

企业级别	初级	中级	高级	超高级
企业规模	小型企业	中型企业	大型企业	特大型企业
企业发展阶段	初创	企业功能基本齐全，业务基本全面发展	企业功能齐全，业务全面发展	企业经营模式、文化已成为他人效仿的榜样
企业需要重点关注的事项	积累企业核心技术，强调服务客户，注重人才培养	开发新技术，注重人才培养，注重建立完善的企业运营体系	制定正确战略的能力，营造有利于创新的文化，提高应变能力	追求为社会做最大贡献，防止产生惰性和官僚主义

本书所强调的企业转型的含义，不同于那种企业不创新而基本维持现状，直到面对竞争压力大到难以维持时才想到必须改变些什么，在这种情况下，企业所做的任何变化对于企业摆脱困境而言将很难奏效并充斥着风险。基于此，本书对于企业转型的理解为：在企业运营目标指引下，在寓培养创新人才于企业运营之中的理念基础上，企业通过充分发挥创新人才的创新作用，将改进或创新活动贯穿于企业全体业务的全过程，从而不断提升企业竞争能力和实现企业的战略目标。

当企业所在的行业或企业的产品技术进入成熟期，行业中的下游企业或后发国家的追赶已经使得市场回报难以支撑企业运营时，企业可以做出大的战略调整，包括进入拥有发展潜力的新行业。但是，为了最大限度降低进入新行业的风险，企业转型仍需要非常谨慎地进行，至少需要对以下几个方面进行评估。

(1) 当前技术的成熟程度

如果当前产品技术处在成长期或成熟期前期，那么企业就要使产品技术尽快进入成熟期，这样产品性能会进一步提高，市场有望进一步扩大；如果产品技术已经处在成熟期中期或后期（或者退出期的前期），那么该技术本身已无增长的潜力。

(2) 当前市场的潜力程度

预测市场的潜力首先要评估企业产品满足市场的程度，这包含两个方面：其一是需要这种产品的客户得到该产品的占比，其二是得到产品的客户其需求被满足的程度。

(3) 后发企业的追赶状况

随着国内外本行业中的后发企业竞争能力逐步提高，企业已无明显竞争优势可言，这时企业有三个选择：其一是强化管理，依靠优化的管理体系降低产品制造成本；其二是继续开拓市场，充分把握客户需求并提高客户满意度；其三是寻找新技术替代现有处在成熟期后期的产品技术。

(4) 未来数年内技术及市场的变化趋势

市场预测始终是企业谋求生存与发展的重要能力。企业要将现有产品和服务在未来的前景作为开展业务的依据。了解现有产品和服务的前景，主要是掌握现有产品技术在未来数年被其他更具优势技术替代的可能性，据此也可以了解到市场可能发生的变化。

(5) 核心技术的凝练状况

后发企业的迅速追赶，使得企业继续沿用现有的经营模式提供现有的产品和服务已无法继续维系企业发展时，便到了企业考虑转型的时机。然而，企业要转型到其他新的产业或行业，就需要持有将要转入目标行业的技术优势，否则就不具备转入条件。从这个观点看，企业的经营处在一帆风顺时就应该注重产品技术和过程技术的开发与收集，并通过总结与凝练将其升华为企业的核心技术。

（6）核心技术的优势和进化情况

企业的核心技术并非一成不变，它应随着市场需求的进化和产品技术的进化而改变，也就是说，企业核心技术的开发与凝练的结果应始终保持具有显著的竞争优势。若企业外部竞争环境改变了，则需要企业内部做出有效的改进，以满足与外部环境的有利交互。

（7）新型企业文化和管理模式的建立

企业所处的外部环境一直处于变化之中，这就要求企业的运营体制、方法等各个方面也应该是变化的，变化的目的是使资源发挥更大的作用，进而提升企业对外部环境的应变能力。

企业一切变化的动因都来自企业文化的性质。强调实时改进的企业文化是促使企业开展业务不简单按照不变的方法重复作业的根本动力。这种强调改进为先的企业文化应覆盖企业的全体业务和开展业务的整体进程，改进的效果和效率应该在开展业务的具体指标评价体系中清晰体现。

1.4 企业升级

1.4.1 企业升级的研究综述

升级是指从较低的级别上升到较高的级别。

企业升级的研究综述见表1-2[8, 12]。

另外，我国著名学者金碚[13]认为工业的本性是创新和革命的，而转型升级是技术创新和工业革命的基本路径；龚锋等[14]将企业升级定义为企业从简单的加工制造，到复杂的零部件装配、设计，再到生产完整的产品，逐步实现升值的过程。杨桂菊等[15]对我国代工企业转型升级的路径做了专门的研究，并将代工企业转型升级定义为代工企业在产品和服务等核心能力不断提升的过程中持续创造价值增值的过程。

赵丽娟等[16]认为制造企业转型升级虽然势在必行，但是要在恰当的时候采用恰当的策略。

1）条件成熟的制造企业可以实施转型升级战略。当企业面临的环境比较明朗、整个宏观经济向好，或者企业能够抵抗不确定的转型升级环境所施加的压力时，制造企业在认真评估自身能力和转型升级战略风险的基础上，可以根据自身的能力，选择恰当的转型升级战略模式进行转型升级。

表1-2 企业升级的研究综述

国内外研究综述	学者	综述内容
对国外研究的综述	王玉梅	企业升级是指企业或者经济体迈向更具获利能力的资本和技术密集型经济领域的过程。通过将企业升级引入全球价值链分析模式，对服务业进行实证研究，归纳出了产品升级、经济活动升级、部门内升级和部门间升级四种升级模式
		以企业为分析主体，升级包括过程升级、产品升级、功能升级和部门升级四种不同类型的升级方式
		升级就是制造商成功从生产低附加值的劳动密集型产品向生产高附加值的资本或技术密集型产品转换的过程
		升级是通过创新来增加附加值，最终提高竞争力或者从事附加值更高的活动
	李若辉等	Gereffi G.指出企业升级是企业迈向更具获利能力或技术密集型经济领域的过程，并提出了OEM/OEA-ODM-OBM的升级路径
		Kaplinsky指出企业升级是指通过优化产品或生产，迈向具有更高技能和更高价值的阶段
		Schmitz等提出升级是企业通过提升自主创新能力，不断提高产品或服务附加值，并最终表现为核心竞争力增强的过程
		Ernst也提出企业转型升级的5种形式：①产业间升级，是指产业层级变化，即从低附加值向高附加值升级；②要素间升级，是指生产要素类别变化，即从自然资产（或称禀赋资产）向创造性资产（如资本、人力等）转移；③需求升级，是指消费层级变化，即从生产必需品向生产服务型产品转移；④功能升级，是指价值链环节发生转移，即从生产、组装等向产品研发、系统整合转移；⑤商品属性升级，是指商品属性从有形转向无形，即从物质功能型产品转向知识密集型和服务型产品
对国内研究的综述	王玉梅	升级是指企业依靠价值链获取技术进步和市场联系，进而提升竞争力，向能带来更高附加值的经济活动转移的动态过程
		企业升级是指产业价值链从低附加值端升级至高附加值端，发展模式从高污染、高能耗、粗放型升级至低污染、低能耗、集约型，它需要依靠科学技术的进步
	李若辉等	蒋兴明认为，经济体转型升级的过程是产业链、价值链、创新链以及生产要素配置4个方面构成的有机整体的升级
		学者吴敬琏指出，企业转型升级要向着设计研发和品牌营销的方向过渡

2）条件不成熟的制造企业可以采用开源节流等策略，摆脱困境后再实施转型升级战略。事实上，在经济周期的不同时期，企业所面临的市场大小是不同的。如果企业遇到了金融危机或者面临的环境很不明朗，那么企业的当务之急是顺利渡过难关，等企业能力得到提升和环境好转后再实施转型升级战略。因此，金融危机下的制造企业，或者自身能力较弱没法处理好转型升级中战略风险的制造企业，短期内不宜实施转型升级战略。但企业可以先通过降低成本、开拓新市场、提升企业能力等策略来实现企业的持续成长，获得更大的发展空间，待条件成熟后再实施转型升级。

李若辉等[8]认为转型升级是一个持续、动态的过程。转型是企业在发展困境中采取的改进措施，这种改变有时可能涉及企业的行业属性，有时可能只是对自身经营策略、组织结构等方面的完善；而升级则强调转型行为发生后的结果，如经营指标、产品等级等方面的升级，并最终转化为企业竞争优势提升，强调行为发生后的状态。

1.4.2　企业升级的路径

以上国内外学者对于企业升级的研究是在宏观上对企业升级的路径进行了描述，集中体现在以下几个方面：

1）从劳动密集向技术密集迈进；
2）在企业经营活动板块上迈进，如产品升级、过程升级等；
3）从价值链的位置进行迁移，即从低附加值端升级至高附加值端；
4）在提供产品和服务方面从生产制造向设计研发和品牌营销的方向过渡。

1.4.3　企业转型与升级的关系

企业转型在本质上是价值结构的重塑，也就是说企业在实际运营过程中，通过对资源投入和配置的动态调控，使资源的作用和效率得到更大程度的发挥，这包括资源的投入时机、消除资源的浪费、资源的合理配置、资源的转化、资源的升级等。企业转型的根本目的是开拓新价值。

企业升级本质上是组织模式的重构，其目的是提升企业获取价值的效率。例如，对于企业而言，从接到市场订单开始到货款回收的周期越长，说明企业的管理就越糟糕，反之就越优秀。因此可以说，企业升级是围绕企业的组织效率进行的。

参考文献

[1] 德鲁克. 管理的实践 [M]. 齐若兰，译. 北京：机械工业出版社，2019.

[2] 赵丽芬，张淑君. 企业战略管理 [M]. 北京：中国人民大学出版社，2011.

[3] 个人图书馆. 丰田的深谋远虑：未来电动化战略分三步走 [EB/OL]. （2019-08-15）[2023-02-02]. http://www.360doc.cn/mip/855140628.html.

[4] 百度百科. 企业内涵 [EB/OL].（2022-11-20）[2023-02-04]. https://baike.baidu.com/item/%E4%BC%81%E4%B8%9A%E5%86%85%E6%B6%B5/2480156?fr=aladdin.

[5] 吕铁，刘丹. 制造业高质量发展：差距、问题与举措 [J]. 学习与探索，2019（1）：111-117.

[6] 唐辉亮，施勇. 企业转型升级文献综述 [J]. 宜春学院学报，2011，(33) 5：79-82.

[7] 李烨，李传昭. 透析西方企业转型模式的变迁及其启示 [J]. 企业天地，2004（3）：42-45.

[8] 李若辉，关惠元. 设计创新驱动下制造型企业转型升级机理研究 [J]. 科技进步与对策，2019，（36）3：83-89.

[9] 王吉发，冯晋，李汉玲. 企业转型的内涵研究 [J]. 统计与决策，2006（2）：153-157.

[10] 吴家曦，李华燊. 浙江省中小企业转型升级调查报告 [J]. 管理世界，2009（8）：1-5，9.

[11] 野地秩嘉. 丰田传 [M]. 朱悦玮，译. 北京：北京时代华文书局，2020.

[12] 王玉梅. 中国企业转型升级的知识创新与产业技术创新战略联盟研究 [M]. 北京：科学出版社，2016.

[13] 金碚. 工业的使命和价值 [J]. 中国工业经济，2014（9）：51-64.

[14] 龚锋，曾爱玲. 我国代工企业的功能升级：基于模块化的二重性 [J]. 管理世界，2016（1）：184-185.

[15] 杨桂菊，程兆谦，侯丽敏，等. 代工企业转型升级的多元路径研究 [J]. 管理科学，2017，30（4）：124-138.

[16] 赵丽娟，王核成. 制造企业转型升级的战略风险形成机理及战略模式选择 [J]. 科技进步与对策，2012，29（10）：75-79.

第 2 章 | Chapter2

目标驱动的企业运营与管理

具有一定规模的企业都会在一定程度上应用目标管理,世界级大公司更是如此。目标管理是为了使工作更有方向性、更能发挥人的作用,同时使产生的业绩更便于衡量和更便于发现需要改进的薄弱环节。目标管理几乎应用于企业中的各项业务。

2.1 什么是目标管理

2.1.1 目标管理的基本概念

企业要做好目标管理工作,首先是明确需要管理的企业目标。有关企业目标的内涵在美国管理大师彼得·德鲁克的《管理的实践》一书中有清晰的描述,即"任何一个其绩效和结果对企业的生存和兴旺有着直接和举足轻重影响的领域,都需要有目标"[1]。换句话说,在企业内部对于向客户提供有关产品和服务的任何业务以及业务的结果都属于企业目标的范畴,也就是都应作为企业管理的目标。

所谓目标管理,一般指"综合个人目标和组织目标,通过使其自主管理达到目标的管理技法"[2]。目标管理是应对变化的管理系统和注重成果的人事评价系统两者结合的产物[3]。

《管理的实践》认为，目标管理就是企业管理。企业管理在实际实施过程中是通过目标管理进行的。企业在组织架构上是由各个职能部门组成的，而每个职能部门又是由承担不同职责的人员组成的。就部门而言，其中每个人的贡献是不同的，对于部门管理者而言，重要的是通过管理能够将他们的贡献朝着与企业整体目标一致的方向汇集起来，并实现对应的阶段性目标。要做到这一点，部门管理者必须了解企业目标以及他需要达到什么样的绩效，而部门领导的上司也必须知道应该要求和期望他有什么贡献，并据此评判他的绩效。如果没有达到这些要求，那么管理者就走偏了方向，他们的努力也会付诸东流，组织中看不到团队合作，只有业务上的失败。

无论哪一级的管理者，在从事职能性和专业性工作时，都应建立起管理的习惯、愿景和价值观，有时在技术上会追求成为企业或行业中最优秀的人才。这虽然能够激发每个管理领域的创新和进步，但是这种努力提高专业水准的做法也会带来风险，可能导致员工的愿景和努力偏离企业的整体目标，把职能性工作本身当成最终目标。企业的部门主管时常只在意自己是否达到专业水准，而不根据部门对于企业的贡献来评估自己的绩效。

职能性管理者还要将企业看作一个整体，懂得企业对他们的要求是什么，既需要追求新技术和新技艺，也需要各个层次的管理者坚持不懈地将共同的目标作为他们努力的方向。

彼得·德鲁克主张的目标管理所要追求的状态就是从受外界控制的目标管理向自我控制的目标管理过渡，而且要将自我控制的目标管理的方向与企业整体目标的方向保持一致。

2.1.2 目标管理与 PDAI 循环

一般来说，企业应用目标管理的目的在于以尽可能少的资源投入来达到预期的业务绩效和成果。企业的目标管理应伴随业务开展的全过程，如果业务在未来必须达到的状态发生了改变，那么该业务所对应的目标也应该改变或者更新，因此可以说，企业目标的制定和目标的管理连着企业的命运。

目标管理是有周期的。这里的"周期"有两个层面的含义，其一是指目标管理的过程属性，其二是指目标管理的时间属性。

目标管理实质上是一个管理过程，企业通过这一过程不断提高开展业务的规范性、目标达成率，并为项目管理工作的持续改进打下良好基础。目标管理的目的在于以管理层制定的项目愿景为指引，以集中所有部门和人员的努力为手段，以尽可能少的资源投入为约束，达成企业的整体目标。目标管理过程如图2-1所示。

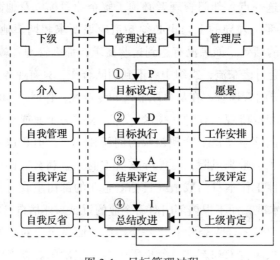

图 2-1　目标管理过程

在图 2-1 中，管理过程的第一步需要进行目标设定 P（Plan）。目标是所有项目实施者和管理者共同努力的指向，同时也是集中所有参与者努力的基础。在此步骤中需要注意的事项是：

1）明确所设定的每一项目标与企业整体目标的支撑关系；

2）明确所设定的每一项目标实现的条件是否具备，以及不足条件的筹措方法；

3）所设定的每一项目标的内容是否都充分考虑了实施者的意见；

4）所设定的目标是否全部符合管理层的愿景，并得到了管理层的认可。

管理过程的第二步是目标执行 D（Do）。目标执行就是实施目标所对应的业务，也就是具体去做，就是将目标转变为现实（例如产品或服务）。实施业务需要以 5M1E 作为必要条件，5M1E 就是业务的实施者（Man，人）、实施业务的工具（Machine，机）、物质对象（Material，料）、实施业务的方法（Method，法）、检查实施结果的过程（Measurement，测量），以及实施业务的必要环境（Environment，环境）。

企业的部门或者部门内的成员应该在日常运营过程中具有非常强烈的自觉性，收集使业务成功的 5M1E 的状态条件，更好的做法是将这些成功的条件形成企业的业务标准。形成业务标准的作用之一是有利于今后对业务进一步改进。目标执行与执行条件的作用关系如图 2-2 所示，目标执行的过程实现了将目标转变为期望的显性成果（即产品或服务）。事实上，企业还有另一个收获，那就是收获显性成果的同时也获得了提升 5M1E 水平的隐性成果，也就是将目标执行前的较低水平的 $5M1E_1$ 转化为目标执行后的较高水平的 $5M1E_2$。为了更好地保持所取得的隐性成果，有效率的企业还必须对所获取的具有较高水平的制造条件（如 $5M1E_2$）实施标准化。

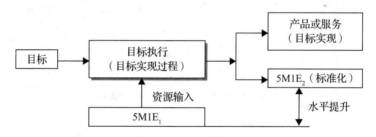

图 2-2　目标执行与执行条件的作用关系

注：这里的"产品或服务"也就是目标执行得到的显性成果

管理过程的第三步是结果评定 A（Appraise）。结果评定是指将目标执行取得的业绩（成果）与最初设定的目标进行比较和评估，以得出目标管理是否成功的结论。事实上，第三步进一步的目的应该是总结第一步目标设定和第二步目标执行两个步骤存在的问题。例如，在第一步中，总结目标设定对企业整体目标的支持程度，有无支持不足的情形致使影响企业整体目标的实现，有无支持时机存在差错而使企业整体目标受到不良影响等。在第二步中，关键的问题在于为了实现第一步所设定的目标，企业筹措的 5M1E 条件的适宜性。例如，5M1E 中哪一方面的资源未能满足要求从而影响了最后成果，5M1E 各项资源之间是否存在不协调问题以致影响整体资源效果的发挥，第一步和第二步所出现的问题在管理过程中有没有做出适当的对策，这些对策的效果如何等。

管理过程的第四步是总结改进 I（Improve）。总结改进的内容就是对在第三步中总结出来的成功经验和存在的有关问题及其对策进行处理。例如，将成功经验和解决问题的有效对策形成新的业务标准或者修改现有的业务标准，其目的在于在下一个目标管理中产生更好的业绩效果。

目标管理周期的四个环节 PDAI 组成了目标管理的循环，这个循环的时间可称为目标管理周期期限 [4]。企业在进行目标管理时，首先要进行目标的设定，这包括目标内容设定、目标水平设定及目标管理周期期限设定，整体目标与目标管理的水平和期限的关系如图 2-3 所示。

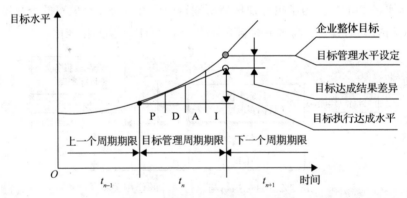

图 2-3　整体目标与目标管理的水平和期限的关系

图 2-3 显示企业在目标管理过程中，目标设定的水平必须依据企业整体目标的水平来设定。在目标执行阶段，企业应该十分严谨地匹配在要求的目标管理周期内，以怎样的资源投入强度来达到所设定的目标水平。如果目标执行达成结果存在差异而未能达到企业整体目标要求，则在本目标管理周期期限的结果评定阶段应找出导致该差异的根本原因。

企业的目标来源于为了满足客户需求的必要业务，而企业业务的性质是不尽相同的，根据企业所属行业的不同以及目标复杂度的不同，目标管理的方式也会有所不同。有的属于长期目标，有的属于短期目标，有的属于存在于多种业务之中且为长期的目标,有的属于短期目标扩散进入多种业务之中并成为长期目标,有的目标高频再现,有的目标低频或偶尔出现一次。因此,企业的目标也应根据目标性质、出现频率的不同而具有不同的管理模式。

1. 长期目标

企业的长期目标也可以称为连续性目标,它与企业的具体业务是什么无关,而与企业的运营管理模式有关,在产品生产过程中采用安全、质量、效率、成本以及人才培养这五大目标管理是企业经营管理的重要手段,是企业设定的长期目标,对于长期目标的管理需要企业付出持久的努力。

2. 短期目标

短期目标来自对长期目标的分解。比如,为了提高产品质量,需要对5M1E 的各方面生产条件进行诸多的改进,包括人的技能、设备的结构和性能、材料性能、作业方法等。这些方面的任何子方面的改进,一般都是在进行一次改进之后就将其标准化,并进入常规管理,继而使其状态能够得以长期维持。

3. 存在于多种业务之中且为长期的目标

出现这种现象的原因是对于多种业务采用了统一的管理模式。例如,一个企业不管对于哪类产品都应用了同样的和长期的效率管理方法。在此管理模式,一个目标管理周期完成后就会立即进入下一个具有更高目标水平的目标管理周期。

4. 短期目标扩散进入多种业务之中并成为长期目标

短期目标一般来自追求实现长期目标过程中需要具备的条件性目标,常常以需要解决的问题或缺陷的形式呈现在长期目标的管理过程中。事实上,企业无论针对哪一项长期目标管理,都需要以着手实现若干个短期目标为依托,从这一观点来说,企业的长期目标管理就是若干个短期目标管理在时间和空间上的集合。

短期目标扩散是指存在于企业某单一业务的短期目标,在企业的其他业务局部也会存在类似的短期目标,因而某单一业务短期目标的实施结果可以应用在其他类似的业务上,以起到事半功倍的作用。

短期目标成为长期目标是指将短期目标实施的绩效结果标准化，并嵌入长期目标后实施长期目标管理的状态。

5. 高频再现的目标

按照目标管理周期区分，有的目标管理周期非常短，甚至达到分钟或秒钟的数量级，比如流水线生产工件，可能1分钟完成一个零件，然后重复进行加工。高频再现的目标管理往往具有较高的稳定性，目标执行容易进行改进。

6. 低频或偶尔出现一次的目标

在企业运营过程中，有的目标出现的频次非常低，比如一年或数年一次。这样的低频目标管理具有相当大的难度，但是也恰恰能反映一个企业对于目标管理的实力。

2.2 企业目标的类型

企业目标有多种分类方法，按照性质区分的企业目标类型见表2-1。

表2-1 按照性质区分的企业目标类型

序号	种类	特征	举例
1	数量化目标	以数字表示的目标，主要用于业务执行的直接部门	・每日产品生产数量 ・月度产品合格率
2	进度目标	伴随时间完成业务程度表征的目标	・到月度中旬完成全月计划的一半
3	改善目标	为企业发展而设定的目标	・本年度销售任务提高5%
4	创新目标	新增业务板块或现有业务的升级目标	・生产线首次开展QA网络评价活动
5	部门间协作目标	需要关联部门间共同完成的目标	・本年度机加工生产线刀具国产化率提高到50%，该目标为制造部门、质量部门和采购部门的共同目标
6	集体目标	一个或多个部门工作性质类似的多个人员共同承担的目标	・近期需要共同攻关的目标，例如销售旺季时生产线挑战超其产能的任务目标
7	条件目标	为明确规定条件而设定的目标，条件变动时才修改目标	・目标——当大批量购买时，产品单价降至每个1万元；条件——原材料浮动超过5%时加以修改

企业的目标还可以根据组织层次进行划分，即可以划分为战略目标、年度总体目标、部门目标和个人目标。这里的年度总体目标是从企业战略目标分解而来的，主要用于每一年度为企业各个职能部门分配年度业务目标使用，有时我们也可以将战略目标与年度总体目标划分在同一层次，按照组织层次区分的企业目标类型见表 2-2。

表 2-2 按照组织层次区分的企业目标类型

种类		说明	举例
总目标（企业级）	战略目标（企业级）	是企业使命和宗旨的具体化和定量化，它反映了企业在一定时期内经营活动的方向和所要达到的水平	• 到明年 7 月份新产品 M 在国内 Z 市场上市 • 未来三年内，现有产品市场销售量提高 10%
	年度总体目标(企业级)	由企业战略目标结合当前竞争环境而生成的本年度企业全体部门的经营和管理目标	• 在本年度内新产品 M 完成所有的样机试验工作 • 在本年度内实现现有产品市场销售量增长 4%
部门目标		企业各个职能部门的目标，每个部门分管企业的一类业务	• 今年底完成新产品 M 的全部质量控制标准制定
个人目标		职能部门对其部门下各个岗位，依据部门目标而分解的岗位目标	• 业务员 A 负责本年度新产品 M 机加质量标准的制定 • 业务员 B 负责本年度新产品 M 组装质量标准的制定

2.2.1　企业的战略目标

我们将企业源源不断的发展动力称为企业发展的核心要素，那么产生核心要素的就是企业所拥有的核心文化和企业精神。企业精神在形成企业发展的核心动力方面是最积极的部分，企业精神以价值观念为基础，以上下一致的共同信念形成的巨大感召力为动力，从而使企业不畏惧任何困难，积极应对市场变化，不断创新，不断发展。企业文化孕育了企业精神，企业文化体现在企业运营过程的各个方面，诸如诚信、创新、持续改进等都是企业文化的具体体现。

企业精神是由企业高层管理者和企业全体员工的精神汇集成的。一个优秀的企业是一个团结奋进的整体，无论其规模如何，能够做到上下一致，朝着企业的整体目标集体发力，以最坚实的发展步伐和最节约的方式实现自己的目标。在这样的企业内部，包括所有员工在内的每个人都在为实现企业的整体目标而尽自己最大的努力。因此，企业注重培养员工精神是非常重要的。

培养员工精神首先需要让员工理解他的工作是什么，为什么需要一丝不苟和毫无差错地工作，企业发展与个人发展的关系以及员工在企业工作以什么为自豪等。

培养和发挥员工精神，可以从以下几方面入手。

（1）鼓励勤奋

勤奋是热爱事业的直接体现，是指对于自己岗位的工作细致入微、精准把控，严格按照标准的要求来完成规定的工作。勤奋可以增加发现问题的机会，如果所有规定的事情总是能够正确地实施，那么任何变异就不会被轻易地遗漏。勤奋是一种精神，它具有影响他人和激励他人的作用。

（2）注重忠诚

对于员工而言，对企业忠诚体现着其人格品质和精神品质。员工的忠诚度高首先应体现在具有忠于职守的事业精神上，当然这也是构筑职业道德的基础；其次就是应体现在尽职尽责上，能够精益求精地忘我工作等都体现了个人品质和对企业忠诚度。

（3）提倡互助

出于管理的需要，岗位职责范围的划分要力求清晰明了，目的是使每一名员工都知道其工作的具体内容及其边界所在。但在实际开展工作过程中要非常提倡员工之间相互帮助。这是因为在岗位职责任务划分时难以做到每个岗位（或工序）的任务彼此绝对相等，所以为了实现由各个岗位构成的整体业务具有较高的工作效率，各个岗位的人员之间采用相互协助的策略是简便而有效的，员工工作岗位如图2-4所示。

图 2-4a 显示了具有相同工作量的三个工序A、B和C。流水线生产需要这三个工序的生产节拍保持严格一致，否则将会影响生产效率。每一道工序的作业者在快速作业过程中的作业时间有时会有不一致的现象。在这

种情况下，如果三个工序之间没有协作关系，那么速度稍慢的工序就影响了整个生产线的速度；另外，速度稍快的工序也因存在时间闲置而产生浪费。因此，生产线的相邻工序之间要强调相互协助，也就是说，B 工序的作业范围（或者内容）定义在 B，但是在 A 工序稍慢时，其作业范围就变成了 B'，如图 2-4b 所示。

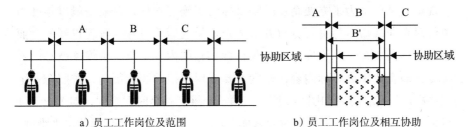

a) 员工工作岗位及范围　　　　b) 员工工作岗位及相互协助

图 2-4　员工工作岗位

（4）强调创新

积极的员工精神还体现在不畏惧工作困难并坚持不断创新上。员工主动坚持持续创新活动是使其业务不断推向更高水平的可靠保证，也是员工对企业忠诚度的具体体现。员工经常思考工作中的问题并不断提出具有创意的想法，说明他一直将工作装在心中，在积极地应用自己的知识构想更好的方案。良好的创新意识是员工精神的重要组成部分。

2.2.2　企业的运营目标

任何组织的成功从来都不是偶然的，都是按照自己制定的系统化规则结合内外部的成功因素而取得的，其中企业内部的运营方法就是系统化规则的具体体现。企业运营是指对企业生存盈利关键要素和要素之间的逻辑关系进行梳理和管理，企业的运营状况决定着企业的市场竞争力和发展动力是否持续与充足。一个适合企业发展的运营模式可以使企业良性发展，正确且不断完善的企业运营体系将决定企业的发展潜力。企业运营模式是否成功以及成功的程度，本质上是以它为客户创造了多少价值来衡量的。

2.2.2.1　运营目标与战略目标的关系

企业的战略目标是企业的奋斗纲领，是对企业使命和宗旨的具体化和定量化表达,是衡量企业一切活动是否在履行企业使命的标准,是企业经营战略的核心。企业的战略目标反映了企业在一定时期内(例如3～5年)经营活动的方向和要达到的水平,既可以是定量的,也可以是定性的,其内容主要包括竞争市场、竞争地位、业绩水平、发展速度等。

企业的运营目标是对企业战略目标的分解,其目的是为企业战略目标的实现奠定基础。为了方便企业战略目标的实施与管理,企业一般以年度为单位对企业战略目标进行分解并形成企业年度运营目标,分解得到的企业运营目标需要在三个维度上体现其目标实施的内容。第一个维度就是内容维度,即企业年度目标内容,通常需要体现承担的职能部门,按照企业组织层次进行目标分解如图2-5所示;第二个维度就是时间维度,即企业年度目标内容按照以年为周期的时间来体现;第三个维度就是目标的水平维度,即在一年内所开展的业务需要达到的水平。

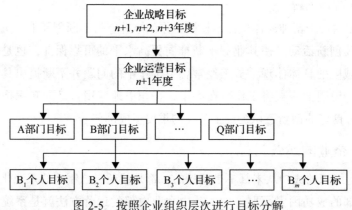

图 2-5 按照企业组织层次进行目标分解

2.2.2.2 运营目标的涵盖范围

企业运营系统包括运营系统的决策、运营系统的设计、运营系统的规划和运营系统的控制。

1. 运营系统的决策

运营系统的决策是企业总体决策的重要组成部分。在进行企业运营系统的决策时,企业首先应该从整体考虑如何最大限度发挥企业的整体优势,如何以更可靠的方式实现企业的战略目标,并以此确定企业运营系统的模式。

制造企业运营系统结构如图 2-6 所示。其中，企业战略是依据市场需求而制定的，而企业战略又由财务策略、运营策略和营销策略来支撑，其中运营策略又可称为运营管理，包括采购、制造、生产控制、质量保证、交付和服务等环节，这些环节提供了由生产投入通过过程转换产出产品或服务的功能。

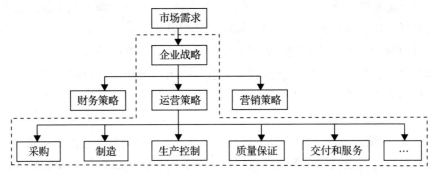

图 2-6　制造企业运营系统结构

2. 运营系统的设计

运营系统是指从生产要素的投入，实施转换，到产品或服务产出等环节组成的系统。运营系统的设计是企业运营管理的重要组成部分，包括产品设计或服务模式设计、生产过程和组织模式设计等。

（1）产品设计或服务模式设计

该设计环节是企业与客户"对话"的环节，其中的关键事项是企业必须把握客户的关键需求是什么，进而围绕关键需求有针对性地进行产品或服务的开发。除此之外，在产品或服务实现过程中，企业还需要严格控制产品的质量和生产成本，这对企业的生存与发展同样具有战略性的影响。

（2）生产过程和组织模式设计

生产过程就是将过程输入通过过程转换，最终输出期望的产品，这里的产品可以是物化的产品或者是软件或服务。生产过程的设计总是期望过程转换效率高、成本低、质量高、转换过程稳定且可靠。

企业的生产组织系统设计是以组织内的人的要素为主体，从企业顶层战略目标开始自上而下逐级、逐层进行分解，最后需要企业的全体职能部门以及每一位员工按照要求的计划进行推进。对于这一过程，许多企业年复一年地重复进行着，觉得一切都理所当然。然而，当采用不同的生产组织策略时，同样的生产过程体系的绩效是不同的，甚至还存在很大的差距。例如，丰田汽车公司被业内称为制造业的楷模，也是最能盈利的企业之一。

企业生产过程框架相当于有了一个人的躯干和肌体，即使给了他要达到的目标，还必须让他懂得达到目标的路径以及困难的处置办法。因此，生产组织的设计必须明确组织想要的绩效是什么，达到好绩效的途径，职能部门之间、部门内部员工之间将采取怎样的组织策略，以及如何进行绩效考核和持续改进。

3. 运营系统的规划

运营系统的规划也可以称为计划，运营系统的计划是企业为了达成企业战略目标的行动指南和策略，它规划了企业所有部门将以什么样的活动秩序、配置多少资源以及如何配置的行动部署，简单说就是将企业的人、财、物、信息、技术、标准、市场等资源要素联系起来，面向企业要实现的战略目标，将资源要素通过充分的整合并按照一定的资源投入次序投入所开展的业务中，以发挥资源的最大效果。

4. 运营系统的控制

企业运营系统是指由相互作用和相互依赖的多个组成部分结合而成的，具有完成企业战略目标这一特定功能的有机整体。其中，运营系统的组成部分越多，说明系统的规模就越大，而系统组成部分之间关系的层次越多，说明系统就越复杂。当然，系统规模越大、内部关系越复杂，运营系统控制的难度和复杂性就越大。

运营系统的控制需要达到两个目的：其一就是使其受控，其二就是使业绩不断提高。

所谓使企业运营系统处于受控状态，是指所有正在开展的业务均有计划、标准（或要领）可依，且按规定执行，同时能够达到预期的结果。除此之外，达到预期目标不能作为维持现状的理由，企业应保持持续改进和提高的态势。

5. 企业运营目标的涵盖范围

为了在全球化市场的激烈竞争中能够生存和发展，企业在建立运营目标体系时，应考虑与企业发展有关的各方面因素，并按照战略发展规划设立相应的目标。

企业运营的根本任务是以最有效的方式提供产品或服务以更好地满足客户的需求。企业的业务来自客户的需求，反过来说就是企业的所有业务都应该为高效满足客户的需求而做出相应的贡献。企业运营的目的在于在实现投入－转换－产出过程中如何为客户创造最大价值，同时也为企业带来适当的经济效益。

企业要生存和发展，就需要逐步按照战略规划，实现企业运营制定的各个目标，企业运营目标类型与基本含义见表2-3。

表2-3 企业运营目标类型与基本含义

序号	目标类型	基本含义
1	生产过程安全目标	在组织产品生产过程中，对生产人员产生工伤的等级和数量的限制
2	产品或服务质量目标	对产品或服务在企业外部或企业内部产生不合格品件数的限制
3	生产效率目标	在规定的条件下，单位时间内实际获得产品数与应产出数之比
4	成本目标	生产一个零件或一个最终产品所消耗的成本
5	交货期目标	从接到客户订单时将产品或服务交付到客户手中的时间
6	持续改进目标	生产现场在一定时间（如半年）内对5M1E实施改进的程度
7	员工士气目标	士气是一种体现员工努力工作和不畏困难的精神和意志
8	人才培养目标	对员工在资质、知识、技能、能力等方面的教育与培养

2.2.2.3 运营目标的层级和目标分解

企业的运营目标来自对企业战略目标的分解，而且运营目标是由多个目标构成的目标体系。运营目标体系中的每一个目标常常需要多个职能部门共同分担，例如产品质量目标就是由产品制造部门、质量技术部门和质量保证部门共同来分担。同一个目标面向多个部门进行分配，每一个部门应该分担多少责任便成为一个现实问题。也就是在将同一个目标进行分解时，就产生了其责任内容的边界应该如何确定的问题，即目标整体如何划分其组成部分并安排相应承担部门的问题，目标分解的边界及责任区间如图2-7所示。

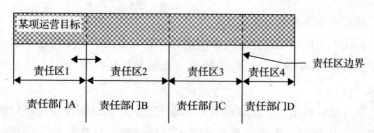

图 2-7　目标分解的边界及责任区间

企业经常按照职能部门的能力或者人数来分割由多个部门承担的目标及其责任区间，也就是能力强和人数多的部门承担目标的责任区间大或者任务多，但是这是有问题的做法。其一是按照部门能力或部门人数进行责任范围的划分，结果会使每个承担部门所做的工作量与完成企业运营目标或企业整体目标所需要的工作量难以高度匹配，这反倒失去了运营目标管理应有的作用；其二是不利于通过企业运营的过程建立起与实现企业目标高度适应的部门功能和能力架构。

企业运营的目的在于以更少的投入来获取更多的满足客户要求的产品和服务，因此正确的考虑方式应该是以运营目标为依据，将与目标相对应的业务按照组成业务的环节、业务环节的性质和开展业务的次序进行有序安排，使每一个业务环节都有合适的职能部门与之对应，并且按照运营目标的要求使开展的业务不多不少、不早不晚、高质量地完成，多部门承担目标时不同分割的不同结果如图 2-8 所示。每一个职能部门工作人员人数的设定，是根据工作的标准要求、条件和人员技能状况来配置的。当然，在人数配置时，可以考虑更多的因素，但是有两个事项必须保证：其一就是要确保完成部门目标，其二就是人才培养。

在图 2-8 中，B 部分表示企业运营的一个目标由五个业务环节构成，并且需要由 a-b-c-d-e 五个部门分别承担，其中 b 和 d 具有较大的工作量，c 的工作量最小。

图 2-8 中的 C 部分，表示目标业务分割和业务分担是以部门能力或人数为基准的情况。这样便导致了能力强或人数多的职能部门所完成的业务工作量较大，甚至超过了应该完成的对应业务环节的工作量，例如部门 e；

当然，也会有能力弱的部门没有完成对应业务环节工作量的情况，例如部门 d。其结果是无论出现了工作量冗余，还是工作量不足，都会使目标实施失败。

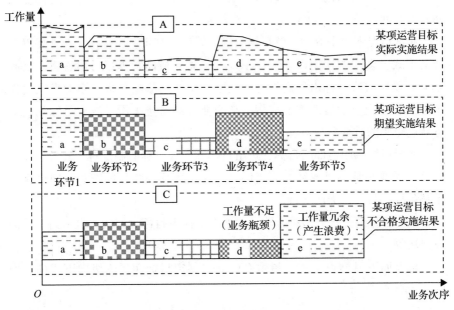

图 2-8　多部门承担目标时不同分割的不同结果

图 2-8 中的 A 部分，每个承担分解目标的部门在进行部门能力配置或人员数量配置时，都是以目标业务为基准的，按照目标要求的工作量和进程进行控制，以求既能达到目标要求，也不过早完成或投入更多资源，也就是追求资源投入得"刚好"。

衡量部门管理者能力最重要的维度就是人才培养能力。人才的成长至少体现在三个方面，即人才的数量、一个人掌握技能的种类数、人才的技能高度。

企业运营需要相应的资源进行支撑，其中人才是各种资源的重要部分。企业各个职能部门管理者本身也是企业的人才资源，他们应该掌握部门资源的使用策略。一个好的部门管理者在自己预见性管理的基础上，应该能够以目标为依据对资源的投入应用"弹性"策略，以谋求资源应用的高效率。

2.3 企业目标的设定

企业目标应该如何形成？要制定企业目标，包括顶层的战略目标、企业运营目标、职能部门目标、班组层目标和基层的员工个人目标，首先必须回答这个问题。

通常情况下，企业的运营目标由最高管理层制定，因为一个企业要以怎样的形式、多快的速度以及往哪里发展，需要最高管理层给出答案，因此企业的顶层战略目标由最高管理层决定。企业的战略目标在企业发展过程中起到引领企业发展的重要作用，从企业发展轨迹来看，战略目标就是支撑轨迹轮廓的重要特征点。

运营目标、职能部门目标、班组目标和个人目标的制定对于实现企业战略目标而言都是不可或缺的，它们之间像一条环环相扣的链条，缺少哪一个链条战略目标都无法实现。

企业目标的设定有多种方法，比如自上而下目标设定法、自下而上目标设定法等。

自上而下目标设定法是指由企业高层制定目标而后逐级向下贯彻，如图 2-9 所示。

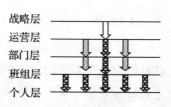

图 2-9　自上而下目标设定法

在图 2-9 中，目标是自上而下层层布置的，其优点是目标的制定过程效率高，目标方向会与企业战略方向有高度的一致性，但同时也有不足，那就是要充分和高质量地实施目标需要实施者对目标有正确的理解，因此低层级对于来自高层级的目标要做到深刻和正确理解有时会存在一定的困难。这种目标设定法需要在目标实施时注重上下层级之间的沟通与交流，以免对于目标实施产生偏差。

自下而上目标设定法是指下一层级的管理者或者主管，根据上一层级的目标，结合目标执行的实际情况提出修订意见，而后反馈给上一层级，经上一层级平衡后再正式设定和颁发，如图 2-10 所示。自下而上目标设定法有许多优点，最突出的优点是最后设定的基层目标包含所有层级的工作重点，在考虑宏观战略的同时，也体现了开展具体业务的实际情况，是一种易于取得高效和高成功率的目标设定法。该方法的另一个优点就是当下一层级将目标修订意见反馈给上一层级时，下一层级对目标的理解对于上一层级的管理者而言非常重要。

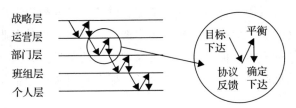

图 2-10　自下而上目标设定法

自下而上目标设定法同样也有需要注意的事项，就是当赋予下一层级修订目标草案的权限时，要注意设定目标的完整性，这包括目标水平的适宜性和目标内容的充分性。

有志向打造创新型文化的企业，经常有意识地在不增加资源投入的情况下适当提高目标要求，这对培养人才的创新能力会大有益处。

2.3.1　战略目标的设定

2.3.1.1　战略目标的设定依据

企业战略目标是一个企业发展的指挥棒，是企业使命和愿景的具体部署。

企业战略是指企业根据外部环境的变化、自身的资源和实力选择适合自身经营与发展的产品、服务与市场，并通过自身的竞争优势在竞争中取胜。

全球经济一体化进程的快速发展和市场竞争的日益加剧，对企业经营的战略化要求提出了越来越高的要求。

企业作为社会的组成部分，它的任何一项活动都应为履行社会责任和实现其使命做出贡献，也就是说它的任何一项活动都应在战略的指引下进行。

一个可行且有效的战略目标的设定，至少需要考虑：

企业要服务的客户、客户的真正需求、企业的资源优势、企业的主要竞争对手、企业如何利用现有资源塑造竞争优势、企业预计在竞争中的地位和企业期望的市场回报。

下面就战略目标设定时需要考虑的每一个方面简要说明。

1. 企业要服务的客户

企业满足客户总是以提供产品和服务为手段，因此要参与市场竞争，首先需要选好自己的目标客户。选择客户最重要的依据是企业的资源特点和优势，包括人力资源、技术资源、场地、设备、资金和知识产权等各方面必要资源，这些资源应能充分满足客户需求。当然，有时企业的资源能够满足低端市场的需求，但是难以满足高端市场的需求。根据企业战略，如果企业打算从低端市场跃迁到高端市场，那么必须从提升企业的资源质量着手。

2. 客户的真正需求

客户需求并非采用某个一般化的收集方法就能得到，诸如问卷法或访谈法等。一般地说，由客户直接表达的需求都要给予注意，因为他们所说的往往不是他们真正的需求，而是他们根据对自己需求的感受提出的"客户方案"。要挖掘客户的真正需求必须首先做好心理准备，因为这不是一蹴而就的事情。

当世界汽车界的龙头企业丰田汽车公司决定在海外某个市场参与竞争时，其一贯做法就是在充分掌握目标市场真正需求的基础上，在当地建造汽车厂以提供受欢迎的汽车。

3. 企业的资源优势

企业的资源是指任何对于实施及实现战略目标可供选择和使用的基础资产要素。企业的资源可以分为内部资源和外部资源，企业的内部资源可分为人力资源、资金资源、信息资源、技术资源、管理资源、企业文化资源等，企业的外部资源可分为行业资源、产业资源、市场资源等。

企业的资源优势是指如果企业所拥有的某些资源具有特质，那么企业便会在这些特质资源的支撑下，竞争力方面相对于竞争对手存在竞争优势，企业拥有具有某些特质的资源就可以称为企业具有资源优势,企业的资源优势见表2-4。

表 2-4　企业的资源优势

序号	资源方面	资源优势
1	企业领导力	企业领导有远见、有洞见、有活力和有毅力
2	市场营销能力	市场营销能力强,产品市场占有率不断增长
3	产品研发能力	科研、研发力量雄厚,人才储备充分
4	管理能力	企业管理系统健全,管理效率高
5	生产设备制造能力	生产设备先进、可靠,生产能力高
6	核心竞争力	已经形成和不断壮大的核心竞争力
7	企业文化	强调持续改进,戒骄戒躁

值得注意的是,企业的资源优势具有相对性和时间性,相对性和时间性是指资源优势相对于竞争对手而言是随着时间变化的,例如企业最近2年在市场营销和产品研发方面相对竞争对手有较明显优势,其表现是新产品上市和销量占有明显优势,但这并不意味着这些优势在未来会一直存在。

4. 企业的主要竞争对手

明确主要竞争对手对于企业进行有力的竞争是非常重要的,因为企业明确了竞争对手,才能在分析本企业竞争的优势和劣势后确定企业的现有优势需要提高到什么位置,或者将优势用在何处以利于最后取得成果优势,这些内容是企业调整战略目标的依据。考虑竞争策略时,企业应关注如何以优势压制竞争对手,反过来又不会被反压制,例如如何保持和扩大竞争优势,如何弥补或规避竞争劣势,而且这是企业应该经常考虑的问题。

深入分析竞争对手的优势和劣势,有助于企业确定战略重点和修改相应的战略目标。企业要重点分析的对象可以是同一市场层次的与企业实力相当的2~3个竞争对手,另外还可以包括近年来竞争力快速上升的企业。当然,即使是领先的企业,这样的工作也不可省略。

5. 企业如何利用现有资源塑造竞争优势

确定竞争对手是企业塑造竞争优势的依据,明确了竞争对手的优势和竞争策略,企业便能依此策划竞争策略。企业要竞争就要设法赢得竞争优势,这个竞争优势是企业在整合内部资源的基础上形成的比较优势,充分发挥企业现有资源优势的作用是企业进行竞争常用的做法。例如，产品研发实力强的企业，可以以新产品的快速上市和新产品的多品种使竞争对手难以赶超；具有产品制造优势的企业，可以使客户感受到高价值产品的体验；具有产品质量保证优势的企业，可以高筑品牌在社会上的形象；具有深厚服务客户理念的企业，可以保持大批客户，等等。

6. 企业预计在竞争中的地位

任何行业的企业在以产品或服务参与市场竞争之前，都应预想在什么类型市场（高端或低端）中与哪些主要对手进行竞争，没有这种考虑就进入市场参与竞争是不可想象的。企业在哪种类型市场、与什么样的竞争对手进行竞争，这涉及企业的实力。

企业具有的当前实力只能取得当前的竞争地位，因为企业的实力就是竞争的能力。因此，企业要想提高在市场中的竞争地位，就必须提升与竞争力有关资源要素的能力，包括资源整合能力。大力引入互联网技术、智能制造技术等现代技术是提升企业竞争力的主要趋势。

7. 企业期望的市场回报

许多企业会认为"回报当然是越多越好"，但从企业长期生存与发展的角度考虑，这样的观点是危险的。如果企业的各个职能部门以及部门中的每个人都以这种观点作为思考问题的出发点，那么每一项业务的开展也势必完全关注"利益最大化"，其结果必然会使所完成的目标任务从"质"和"量"上打折扣。企业应该认识到，这种思考问题的方式在逻辑上产生了差错，开展什么目标任务、如何开展以及带来怎样的价值并不是从企业立场考虑的，而是必须从客户的立场来考虑，这是企业立足与发展不能改变的法则。从客户立场出发，客户需要企业交付什么样的产品或服务，性价比是怎样的，这些问题明确后企业的运营目标也就清晰了。企业战略目标是企业行动的方位框架，而客户要求企业开展的业务则填补了框架内的细节。

企业经营的过程，是不断向市场提供产品与服务，同时源源不断回流货款的过程，在这个过程中企业获取增值，这是企业生存的基本方式。企业获取的增值，也可以说是市场回报，但是它一定是建立在已经为客户创造了价值基础上的回报，否则就很容易导致客户的不满，至少对企业的忠诚度会下降，这对于企业而言是致命的。

企业要生存、要发展、要提高企业的生产条件和员工待遇，需要大量的资金，但是又不能尽最大可能从客户那里获取利润（即忽略客户价值），这就是矛盾。突破这种矛盾的方法来自企业内部，或者说解决这一矛盾不能以牺牲客户利益为前提。企业应该眼睛向内，担起解决问题的责任，也就是说企业唯有走提高管理效率，提高所有职能部门的工作质量，提高产品质量，降低产品成本，不断培养高端人才，不断进行管理创新、产品创新和业务创新之路，才能使该矛盾得到解决。

从客户立场考虑问题会使企业的业务目标更具价值，同时由于来自客户的目标都属于必须实现的目标，在许多情况下这会提高开展业务的"质"和"量"的要求，即提高了工作难度，这对于企业来说是一件有益的事情，至少会提高企业现有员工队伍的能力。

企业强调"客户利益至上"不能仅停留在口号上，而应该体现在战略上、运营体系上、所开展的每一项业务上，更重要的是应成为企业运营的核心理念和企业文化的核心内容。

2.3.1.2 战略目标管理周期的设定依据

企业任何层次的目标管理都是有周期的。如果没有周期的约束，那么实现目标的职能部门或相关的每一个人便无法规划工作的日程和节奏，企业也无法进行资源配置，甚至无法进行业务考核，最终会导致难以实现目标。如果企业设置了不合理的目标管理周期期限（如太松弛或者太紧张），都会导致严重的问题。这里我们先做一个假设，就是退一步说期限松弛或者紧张对于完成最后的任务都是可以接受的。

期限松弛意味着应用较低的工作技能、较低的资源利用率、相对松懈的工作节奏也可以完成目标任务，且考核合格。这种降低工作能力水平的工作方式对于企业持续提升竞争能力而言会形成巨大的破坏力。松弛容易导致松散或松懈，进一步地容易导致懈怠。企业的奋斗精神来自艰苦卓绝与长期负重的忍耐过程，这个负重忍耐的过程就是逐步接近成功的过程。

另一种相反的情况是，当周期太短时，管理者与目标实施者之间就会产生分歧，原因有三个方面：其一是管理者对于完成这一目标所需要的资源配置产生了偏差；其二就是目标实施者对于目标期限理解的程度存在偏差；其三就是对于有分歧的目标周期，缺少管理者带领实施者通过资源改进或升级找到实现目标的方法。

对于企业目标设定管理周期，不仅要设置适宜的周期，而且要利用此期限来管理目标实施的全过程，以达到提高目标实施的整体效率、提高工作质量和降低成本的目的。

目标管理周期的设置可以参考以下事项。

1. 市场竞争环境

考虑市场竞争环境主要涉及两大因素，其一是客户因素，其二是竞争对手因素。客户因素主要是当前的客户需求，客户需要什么，需要被满足的急切程度等。竞争对手因素就是他们对于客户需求的行动速度和期望。客户需求在某一历史时期和社会环境下呈现的特征随着时间而变化，也就是说企业当前的资源优势对于下一波客户需求可能优势已不存在。因此，对于满足客户需求而言，企业一定要抢得先机来满足客户的要求。

2. 判断业务的急迫性、重要性

企业开展支撑目标的业务，需要首先安排开展业务的次序，这是目标实施计划中的重要内容。哪个目标急需实施，那么它就有实施的优先权，这个优先权随着市场条件的变化而变化。

完成一项目标可能需要开展多个业务，然而这些业务对于实现目标的贡献是不同的。企业应该对这些业务按照贡献大小进行优先排序并进行充分控制，以确保目标的实现。

3. 深入调查目标实施的复杂性并达成共识

目标实施过程所对应的业务环节的多少和复杂程度常常具有较大的差别。这里的复杂性是指正确完成目标任务所存在的不确定性。目标任务复杂性的产生以及复杂性的大小与企业知识、业务标准化程度、资源条件和管理水平有直接关系，也就是说降低目标实施的复杂性可以从上述方面着手。

4. 在目标周期内设置目标实施进度的预期检查

企业开展任何工作或目标实施的过程都应该对其实施管理和控制。管理和控制的目的在于检查其实际进度与期望进度是否在允许的范围内。实际进度的提前与落后都意味着投入的资源或者资源的配置存在问题，需要进行修正。在进度检查时，企业需要对检查结果进行分析，找出其中的真正原因，进而采取有效的对策。过多的资源投入会使进度提前，但这是徒劳无功的，因为支持目标的多项任务准确地按照要求的时间完成才能实现目标。如果进度慢了，就需要详细调查其原因，可能的原因是投入资源不足、配置失当、资源应用效率低等。

2.3.2 运营目标的设定

在描述企业的目标层次时，许多资料和文献将其分为三层，即企业战略目标、部门目标和个人目标，也有学者认为还存在班组目标。无论如何，本书特别强调企业应设置运营目标这一层级，因为运营目标相比战略目标有更清晰的脉络描述。

企业战略目标描述了企业在外部竞争环境中所期望的表现，而企业运营目标是对企业战略目标的"内化"，即从企业内部的角度思考应该如何实现战略目标。企业战略目标是以企业的自身条件为基础，其研究的对象是企业外部的竞争环境，目的是找到竞争的场所、策略以及取得竞争优势的途径。企业运营目标是以战略目标为依据，其研究的对象是企业内部的各种资源要素，目的是如何使它们发挥更大的效率，实现多方面和更大程度的增值。

根据上述描述，在设定企业运营目标时，企业应首先考虑要与战略目标相一致。这样的话，在企业全体部门和人员的努力下，实现了运营目标就等于达成了战略目标。值得说明，运营目标与战略目标的高度虽然一致，但是两者是有区别的，即运营目标更适合下面层级对目标的进一步分解，从开展业务的角度也更容易理解其内涵。

2.4 企业业务的梳理

企业经常梳理业务有助于了解当前所开展的业务有没有发生偏离，也就是有没有正在做着与客户价值无关联的工作。企业职能部门的管理者尤其应该经常做这样的"检视"工作。

2.4.1 业务的种类

企业从市场需求研究、产品研发、供应商开发与管理,一直到产品或服务交付,有许多类型的业务,当然也有相应的职能部门承担相应的业务。

2.4.1.1 市场业务

市场业务包含的业务如下。

1. 新市场开发

新市场开发本质上属于企业业务的拓展,它与现有市场相对。新市场开发是在企业现有技术、生产、供应商等方面优势的基础上,开发和确定客户需求,但是该需求无法使用现有的产品或服务来满足。例如,如果企业要开发的新市场是卡车市场,那么就无法使用现有的轿车去满足新市场。

2. 现有市场维持

在竞争日益加剧的情况下,现有市场的维持并不是简单的事情。客户在使用现有产品的过程中,他们中的一部分人会愿意将使用产品的体验、建议反馈给企业,这些信息包含着产品设计问题、产品制造问题、产品可维护性问题等,因此收集客户使用产品或服务过程回馈的信息对于企业持续提高产品质量,增加客户满意度和忠诚度具有重要作用。

一般情况下,开发新市场的前提是有一个稳固的现有市场,一方面开发新市场及新产品需要有稳定的资金支持,另一方面需要有一个良好的品牌形象和口碑,以坚定客户对新市场的信心。

2.4.1.2 产品研发

产品研发是企业的核心工作,是支撑企业生存与发展的关键业务。企业产品研发从确定多维度需求开始,为未来开发什么样的产品指明方向,产品从需求到功能的研发构思如图 2-11 所示。

在图 2-11 中,从确定多维需求到确定产品功能主要有 3 个步骤。

第 1 步是确定多维需求。所谓多维需求,就是以客户需求为主,兼顾其他需求的情形,这里考虑了目标客户需求、企业战略需求和竞争需求。这里的目标客户是指企业定位的客户群体,例如是高端市场客户还是低端市场客户;考虑企业战略需求是为了所要设计的产品应符合企业总体战略规划的要求；考虑竞争需求是为了掌握竞争对手的竞争优势，然后企业就可以定位自己产品的优势。

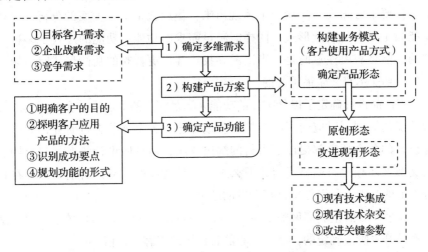

图 2-11　产品从需求到功能的研发构思

第 2 步是构建产品方案。此步骤的目的是从开始就要求企业要深刻理解为什么样的客户开发产品，这些客户将以怎样的方式使用产品。有了这些信息，企业就可以确定产品的基本形态和要求。进一步确定产品形态的原则是，应最大限度利用现有的资源，比如现有技术集成、现有技术杂交和改进关键参数。这里的技术集成是指根据改进产品现有形态需求而进行的现有技术的选择性汇集；这里的技术杂交是指将两种或两种以上技术的优势特性结合在一起，从而产生新一代的特性明显提高的技术；这里的改进关键参数是指针对客户呼声最高的产品参数做出调整。

如果企业使用现有产品形态无法满足产品方案的要求，那么就需要进行"原创形态"，即真正意义上的新产品研发。

第 3 步是确定产品功能。这一步是产品设计的关键，因为满足客户需求的本质上是产品的功能而不是产品本身。因此，确定产品功能应在充分研究的基础上进行。

确定产品功能，首先要弄清楚客户使用这个产品要去做什么，也就是说要理解客户应用产品的目的；其次要了解客户将怎样应用产品，换句话说，企业的产品作为客户的工具,他将如何使用工具去实现他的目的;再次就是评估使客户成功达到其目的的关键要素是什么,这些制约客户成功与否的关键要素必须在产品功能上体现出来;最后就是基于上面的分析,规划出能满足需求的功能形式。同样能满足需求的功能,功能的形式是多种多样的,但是需要注意的是,当试图寻找让客户更喜欢的功能形式时,切不可忽略功能本身才是最重要的。

当产品设计确定了以什么样的功能来满足客户的需求后,企业需要对实现功能的原理、对应的产品结构、制造工艺等各个环节进行研究,如果产品设计的各个环节都提出了可行的解决方案,而且所设计的产品与市场上的类似产品相比有明显优势,那么这个设计对应的产品是有前途的,在充分论证的基础上可以得出进行开发的结论。

几乎所有的企业都理解产品的性能、可靠性、成本等客户关心的目标是在产品开发阶段确定的,客户关心的目标体现着客户价值。

当研发产品确定其性能时,企业首先要满足客户需求,当然前提是已准确把握客户需求;其次是熟知竞争对手产品的性能状况,研发的结果在同一产品系列上应该具有优势。

2.4.1.3 产品的研发周期

企业经常有这样的问题:是产品研发周期越短越好,还是不要太计较研发时间的长短,只要做好各项工作就好,到底哪一种观点是正确的?其实,这不是一下子就能说清楚的问题。

首先,从结论上说,产品研发周期越短越好是正确的。理由不难理解,其一就是产品研发费用随着时间的延长而增多;其二就是研发周期短有利于产品提前上市从而抢得先机;其三就是尽管同一档次、具有相同或类似技术的产品进入市场的次序有先有后,但是它们退出市场的日期基本是相同的,这是需求进化与技术更迭导致的。这样的话,先进入市场的产品由于贡献市场的时间长,自然获取的回报也就多。

事实上,每个企业也许都期望研发效率高、研发周期短,但是这需要一套脚踏实地的产品开发管理技术。企业要追求高效率的产品研发过程,需要从杜绝研发过程的浪费开始。

产品研发过程存在两种浪费。

第一种源于低劣的设计。低劣的设计由于常常需要返工，而引发低效的设计过程，这种浪费对研发周期影响最大，它几乎使得研发周期产生不确定性。解决这种浪费的最有效的方法是在设计过程中引入标准化，通过业务标准来约束团队的工作保持同步和方向一致。

第二种源于产品流程本身。在产品研发过程中，信息的传递时机，对产品设计任务的理解，产品设计和产品制造上下游各个组成环节之间的无序活动等，都会产生大量的时间浪费和资金浪费。

2.4.1.4 产品生产

产品生产是对产品设计结果的物化过程，企业运营目标的大部分内容将在这个环节中实现。

产品生产涉及6个方面。

1. 人员

在制造系统里，人员就是作业者，是基本业务的担当者，作业者的工作目标是按照要求完成规定的业务，包含质量、数量和时机。为达到工作目标，企业要对他们进行技能培训，使他们具备达到目标的能力。培训的内容不限于作业方法、作业标准、作业安全、异常处置等，更重要的是也包括业务改善的方法。

许多企业在现实中也基本是按照这样的内容对作业者进行培训，通过考核就算培训结束，但是为了让作业者更深刻地理解工作内容的重要性，提高作业的积极性和自豪感，在对上述内容培训后，企业还必须对每一个作业内容、作业步骤或者作业遗漏导致的后果讲解清楚，这是他们坚定执行作业要求、作业标准的动力，也是凸显工作重点的教育方法。

作为制造系统中资源的要素之一，作业者在产品生产过程中的作用并非仅仅是遵照所学的作业知识和标准要求作业即可，他们在作业过程中还肩负着改进的责任，以使生产过程综合资源的效率越来越高。

从更宽泛的角度来看制造系统，制造系统中的管理者（例如部门管理者、班组长等）也属于人的要素范畴，但是他们的责任不是操控具体设备生产产品，而是对于生产系统的全部资源要素进行管理，使生产过程充满朝气和活力，并以此促进生产过程能力的不断提高。

2. 设备

对于制造业企业来说，设备作为生产系统资源要素，其主要功能是将其他资源要素转换为产品，是实现生产系统功能的主体。生产系统中设备的状态及表现将影响企业战略目标的各个方面，甚至左右着企业市场竞争的成败。

（1）设备精度高

这里的生产设备精度高，并不是指没有依据盲目追求高精度设备。对于生产设备而言，设备的精度等级应能保证由它所生产的产品的合格率与企业制定的质量目标相一致。

（2）生产能力强

这里的生产能力是指生产单件产品的节拍时间。节拍时间越短，就意味着设备的生产能力越强，即每小时产出产品的数量越多。设备的生产能力并不是越强就越好，如果是流水线生产，生产线的生产能力取决于瓶颈工序，因此重要的是对于一条生产线而言，组成生产线的各台设备的生产能力应保持一致，且能够满足市场需求即可。

值得注意，一味追求生产线生产能力的提升不一定是正确的，因为企业进行产品生产首先是以市场的需求数量为前提的，而不是追求在一定时间内生产的产品数量越多越好。当然，如果市场在扩大，需要生产能力相应提高时，那么做出提升生产能力的改进是必要的，但是改进方案必须使生产线上的生产能力瓶颈工序首先得到改进。

（3）设备可靠性好

设备的可靠性是指在规定使用条件下及规定的时间内，完成功能的能力。设备在使用过程中，它的性能波动越小，越不容易发生故障，也就表明设备的性能和可靠性越高，这是企业期望的状态。

（4）设备使用费用低

企业使用设备进行生产要投入成本，包括更换易损件、液压油、冷却液、润滑油、刀具等。设备的使用费用不可避免，但是使用费用的多少却与设备的设计原理、结构方案以及使用和维护设备的方法有重要关系。

（5）设备易于维护

设备易于维护主要指当设备需要更换易损件或者排除故障时，所进行的相关作业的难易程度。例如，如果拆解、更换易损件的作业是困难的，那么维修设备的效率就低，这将直接影响生产效率。

设备易于维护的另一个体现是其易于目视管理的特性。所谓设备的目视管理，是指设备的当前工作条件是否在正常状态，使用设备的作业者应该用眼睛能够看到并判断。例如，设备当前的工作电流、油压压力是否在要求的规格内，应该使用相应的参数计显示出来，以便判断设备当前的工作状态以及状态的发展趋势。

（6）设备具有防错功能

设备具有防错功能是指当出现导致不合格品或损害其他条件的故障因素时，设备会自动停止工作，并报警等待处理。这种功能可以主动发现生产过程的"条件变异"，这对于发现改进机会和不断提升生产线能力具有重要作用。

以上有关设备的六个方面，都需要在生产线设备方案策划时给予充分考虑，如果需要这些功能，就要在订购设备时向供应商以合同的形式加以明确，并在设备功能验收时逐项确认。

3. 材料

这里的材料是指形成最终产品的物质性材料。材料的状态决定着最终产品的状态，因此在生产管理中，是重点管理的对象。在生产过程中，材料包括以下方面。

（1）外购产品原材料

对于通常企业而言，生产产品的原材料一般都是外购的。比如铸铝零件的生产，其原材料为铝锭，通过熔化和浇铸形成零件毛坯，再经由机加工最终获得铸铝零件。

生产铸铝零件的基本过程虽然如此，但是确定铝锭供应商以及铝锭的规格要求等问题在铝锭采购之前需要做大量工作。这里涉及的问题有供应商的竞争能力是怎样的，供应商质量保证能力是怎样的，供应商对于问题的态度是怎样的，供应商对于持续改进的能力是怎样的，以及供应商的企业文化是怎样的，等等。

（2）外购零部件

这里的外购零部件是指按照产品零部件图纸要求，由供应商生产和提供的可以直接装配成为最终产品的零部件成品。外购零部件的供货在其供货前的准备工作和供货过程中要求周密和严谨，以保证双方在相互理解的基础上顺利供货。

供应商供货前的准备事项还包含下面问题，即供应商的竞争能力、产品质量保证能力、所供零部件库存控制能力、供货批次到货准时性、供货批次质量合格率、纠正和预防能力、持续改进能力等。

（3）外购辅料

外购辅料是指在生产产品过程中，按照一定的标准使用和消耗，但是却不以产品零部件形式或不依附在零部件上，也就是它不会成为最终产品的一部分的外购材料。例如，铸造模具用的脱模剂、加工用的冷却液、设备的液压油、作业者的手套等。辅料的采购管理虽然没有零部件那样要求多且严格，但是强调及时到货、质量优良以及具有价格竞争力。

4. 方法

方法是指生产产品过程中所应用的手段或技法，包括毛坯、半成品、成品零件的物流方法，单工序作业者的作业方法，生产线生产过程工件质量检测方法，工序间、成品库存控制方法，不合格品追查方法，安全作业方法等。

（1）毛坯、半成品、成品零件的物流方法

物流在生产过程中是经常发生的事情，但是要尽可能少地发生物流，或者说在生产过程中因物流产生的工作量越少越好。根据这一要求，物流的方案在产品生产方案讨论和决定时应一并进行，换句话说，物流方案是工艺方案的有机组成部分。为了减少物流量，少占用生产线空间，不破坏作业者的作业环境，少占用资金和降低成本，只有从优化物流路线，减少物料随意离开"本位"着手。

（2）单工序作业者的作业方法

一条生产线由许多工序组成，每一道工序设备的加工内容和作业者的操作内容都有区别。就一个工序而言，作业者的作业与设备的作业如何合理配合才能高效和高质量地完成工序任务是企业需要深入研究的内容，这涉及作业者的作业内容、作业次序、工具使用方法等。

为了稳定生产线生产能力和产品质量，生产线采用标准化作业的方法是有效的。值得一提的是，许多企业在生产线上引入了"标准化作业"，但由于没有完全理解标准化作业的精神而失败。标准化作业是一种生产线高效作业的模式，但其本质在于揭示生产线的缺陷和短板，以使人们快速找到改善点。如果企业不注重改善，那么标准化作业就变得仅存其名了。

另外，生产线的作业方法应该在企业达成统一认识的基础上固化下来，进入企业的技术标准。这里有一个重要的原因，那就是作业方法的不同可以改变生产线的布局，换句话说，决定生产线该如何布局必须从确定正确的作业方法开始。例如，一个人操作几台设备？设备的间距该是多少？设备的幅宽如何确定？设备的易损件在设备的哪个方位更换？这些问题与设备本身式样有关的不在少数。

（3）工序间、成品库存控制方法

所谓库存就是停滞的物料，本质上就是停止流动的资金。减少库存数量常使人产生"危机感"，认为库存少了，一旦生产线异常就有停线的危险。基于此，生产线的作业者或相关人员总是从主观上愿意多设置一些库存以备生产线异常时使用，但这个观点是错误的。本质上，库存就是以自身的错误掩盖其他的错误，换言之，减少库存就是揭示其他错误的有效手段，既减少了库存又暴露了其他存在问题的环节，是一举多得的做法。可以说，减少库存的根本意义在于深挖流程的薄弱环节进而使之得到改进，薄弱环节加强了，库存也就降低了。企业坚持持续降低库存的活动，就是持续提升企业竞争力的活动。

（4）不合格品追查方法

所谓不合格品，就是指不符合质量要求的产品。任何企业生产产品都会产生不合格品，只是不合格品数量多和少的问题，对不合格品的认知存在差异的问题，以及采取的行动不同的问题。

产生不合格品意味着制造产品的相关环节产生了缺陷，生产现场和有关人员必须挖掘出产生"变异"的制造条件，然后制定有效对策。放任或忽视存在的问题只能使问题进一步扩大，生产线人员的技能停滞不前。

（5）安全作业

企业生产产品最重要的就是安全生产，安全生产源于安全的作业方法。要实现安全作业需要具备一定的条件，包括安全意识、作业方法、作业条件等。

所谓安全意识，是指生产现场的任何人（包括工序上的作业者），时刻有安全的意识，例如异响、异味、油的泄漏、天车通过、周边设备启动或者通过、下蹲后的站起等环节都需要时刻注意有无危险存在。

伤害也常常来源于作业方法，包括取放工件的方法、接触工件的部位、负重过重、快速转身等。伤害来源于作业条件是指在当前工序的作业内容、安全意识、作业方法的情况下，当前的作业条件不足以完全不产生伤害的情形。此时，企业应结合上述不安全因素对作业条件进行改进，在经过全面评估后再投入生产。

5. 测量

测量是对被测目标或对象实施检测，并对被测物做出量化的描述，以便判断其是否在规格要求内。

测量有两个方面的含义：其一是得到被测物合格与否的状态，例如在产品生产过程中需要设置许多测量环节，当测量结果合格时，制造中的产品才能继续向客户方向流动，如果不合格，就要进行纠正；其二就是通过对产品测量来反映整个生产系统的状况，如果被测量的产品总是合格的，那么整个制造系统就是稳定且受控的，否则就可以判断为是失控的。

6. 环境

环境是指生产线所处的环境。许多企业并不在意环境所起的作用，或者认为其作用微小。这些观点反映出企业没有理解环境包含的因素以及它们是如何影响生产的，环境因素至少包括温度、湿度、粉尘、光照度、噪声、颜色、装饰、工作氛围等。

这里值得说明的是工作氛围，好的工作氛围会使生产现场的人员团结互助、相互包容和共同进步，容易形成一个活跃向上、勇于改进、创新和不畏困难的现场。

2.4.1.5 采购供应

复杂的产品是由许多零部件组装而成的，因此产品中相当多的零部件都需要从企业外部的供应商采购。零部件的采购业务由采购部门作为主要担当部门。企业供应商认定过程和步骤见表2-5。

表 2-5 企业供应商认定过程和步骤

序号	步骤	目的	参与部门	备注（依据的标准）
1	目标供应商确定	未来提供零部件	采购部、质量部	供应商选择要领
2	采购物品的技术沟通	充分理解技术要求	采购部、开发部、质量部	外协件采购要领
3	非正规模具评价品的制作及评价	验证对于零部件技术要求的理解程度	采购部、开发部、质量部	外协件评价要领
4	正规模具评价品的制作及评价	验证实现零部件技术要求的能力	采购部、开发部、质量部	外协件评价要领
5	小批量供货	验证供货能力 验证小批量合格率	采购部、制造部、质量部	小批量供货评价要领
6	批量供货	验证生产线供货能力稳定性 验证零部件质量一致性	采购部、制造部、质量部	批量供货评价要领

2.4.2 业务与部门的配置

企业因所在行业和生产产品的不同，其开展的业务会有很大的不同，有的产品非常简单，简单到由几个零件组成（例如曲别针、指甲刀等）；而有的产品非常复杂，它们由上万个零部件组成（例如汽车）。零件的多少意味着由此衍生的业务类型和规模是不同的。

由于简单的产品零件非常少，因此在零件生产环节的业务就较少。当然，企业生产产品虽然简单，但是为了实现出色的经营业绩，企业诸如物料采购、物流、质量、效率、市场、人事、人才培养等类型的业务是不能少的，因为这些业务属于企业功能的范畴，功能缺失将不可能有好的运营结果。

生产复杂产品的企业，因产品的复杂程度、技术性质和技术要求等级的不同，其产生的业务相比生产简单产品的企业要多很多，开展业务的复杂度也会提高很多。由于每个员工的工作能力与其掌握的技能有关，是可以预知的，因此业务量需要由几名员工来担当是可以预估的。

企业在掌握所有必要业务总量的基础上，按照业务发生的次序和业务的性质，将业务"分割"成若干个彼此在逻辑上相互联系的业务环节，当业务"分割"完成后，就可以进行业务环节与职能部门的配置工作了。

需要注意的是，有的业务虽然是必要的，但是越少越好，比如物流工作、质量检验工作等，因为它们在产品生产过程中是没有增值的。相反，这样的工作越多，成本就越高。

有的业务环节并不是仅由一个部门承担，而是为了实现最终目标和根据实际需要由两个以上部门共同承担，当然，此时需要区分谁将承担主要责任。例如，对于新供应商的评价，目的是判断它能不能进入企业的供货体系，第一步是寻找潜在供应商，这时的业务由采购部门单独完成；第二步是对潜在供应商实地调研，这时由采购部门、质量部门联合完成；第三步是进行技术沟通，这时由采购部门、质量部门和研发部门联合完成。

对于开展一项业务，什么部门在什么时候介入和工作，取决于业务本身的需要，目的是有序、高效、高质量地达到业务目标。

2.4.2.1 明确业务的含义

所谓业务，就是企业为了实现战略目标、运营目标或个人工作目标等所需要处理的必要的事务。这里需要注意的是"必要"两字。同样是为了完成目标，有的业务不是必要的，也就是即使剔除那一部分不必要的工作，对于实现目标并无影响，甚至是有益的，因为这至少会降低成本。所谓必要的业务，就是对于实现客户价值来说是必需的，客户是愿意为此付费的。

事实上，做到剔除不必要的业务不是一件容易的事情，这需要长年累月地持续改进以不断减少非增值业务。例如，库存不能增值，客户也不会为此付费，但是以"零库存"为目标努力改进以不断减少库存数量的做法是非常值得提倡的，应该成为日常工作的常态。

企业的运营为了不断取得好的成绩和进步，应永远保持负重爬高的精神，使团队养成吃苦耐劳的毅力和持续改善的耐力。

2.4.2.2 分析业务的价值

剔除与创造客户价值无关的业务,并不意味着业务价值分析的结束,企业对拥有价值的业务还需要进行深入分析,这样有助于明确开展业务的核心。

1. 业务价值的含量分析与策略

一项业务的价值含量有高低之分,因此企业需要找出价值含量低的业务,然后进行改进以提高其价值含量,业务价值含量如图 2-12 所示(有时无价值部分所占比例很高)。

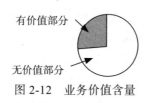

图 2-12　业务价值含量

提高业务的价值含量,有以下三种方法。

(1)减少无价值部分

显而易见,在一项业务中去除无价值部分自然会提高业务的价值含量,如图 2-12 所示。例如,作业者在作业过程中只有走动却无作为,即单纯走动就属于无价值的"动"。组装线需要装配的零部件从工位以外 5 步的地方取来,然后再装配,这期间的 10 步所需要的时间虽然有动作但并没有创造价值,因此可称为无价值部分。

追求去除作业中的无价值部分往往会给人一种全新的思考角度,例如如何使作业者在作业过程中没有单纯走动,这样的作业方式该如何设计?如果装配工不需要移动位置将怎样拿到待装配的零件?如果生产现场都能够这样思考的话,那么这样的生产现场就成为会思考的现场。如果整个企业都形成这样的习惯,那么这就是一个会思考、能应变且具有强大竞争力的企业。图 2-13 体现出生产现场做持续消除无价值作业改善活动的效果。

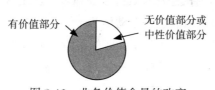

图 2-13　业务价值含量的改变

（2）压缩中性价值部分

实施业务的改进首先就要发扬坚忍不拔的毅力和品质，投入大资金一步到位地改进，远不如基本上不投入资金但采取"蚂蚁啃骨头"的持续改进。两者的区别在于前者投入资源巨大，但没有换来员工智慧和知识的增加；而后者完全依靠开动员工"智慧的机器"来获取知识和增加能力——两者有巨大的差别。例如，假如作业现场人员理解了什么是无价值的作业，那么就可以持续采用剔除或压缩无价值或者中性价值的业务。所谓中性价值的业务，也可以理解成无价值，但是两者的区别在于就目前的业务方法尚且不能完全剥离中性价值业务部分。例如，作业者在生产线上进行生产作业，可以将空走的时间缩短，但是很难消除；再如，装配零件的价值就在于将零件进行紧固的那一段短暂时间，可是拿取零件、螺丝和拧紧工具的时间明知道是没有价值的，但却无法剔除，否则有价值的拧紧作业便无法实施。即便有这样的客观事实，生产现场仍需要持续坚持压缩无价值或者中性价值的作业。

（3）合并两个低价值部分

生产产品的现场经常存在这样的机会，就是两项业务中的无价值或者中性价值部分是可以互相"借用"的，这是一种机会，现场人员应该留意或者有意识地发掘这样的机会，以使无价值或者中性价值的业务部分所占比例越来越小。例如，研究一个作业者的作业方法，不再使用单项作业内容匹配单一动作的顺序作业方式，因为这样是将每一项作业内容的时间累加起来，结果使得无价值或者中性价值的作业时间占比过大。"合并"的意义在于使两个或两个以上的无价值或中性价值的作业时间产生重合，从而使其占用的时间比例缩小，也就是提升业务价值的比例。例如，装配零件时，将零件置于预装位置后，左手、右手同时动作，同时抓取定量的螺丝和拧紧工具，这种作业改善的想法远远好于在抓取螺丝之后再去抓取拧紧工具，因为采用同时动作意味着省去一个动作的时间。

但是，现场改善也不是一下子就能如愿的，例如本想节省掉无价值的时间，伸手一次就要准确地拿够所需要的螺丝数量，如果拿两次或者拿多了（如目标要拿6个螺丝，但是却拿了7个，这时就需要送回多余的那1个，导致无价值时间增多了),这样将不会体现改善的效果。在这种情况下,一个基于创意的设想方案是,如果一个容器内始终保持装配零件所需要的螺丝数量(如6个),且使作业者拿取螺丝时非常容易地一次拿尽,那么最初的一手拿取螺丝,另一只手拿取拧紧工具的同时操作,以及最后要达到的减少无价值时间的目标就实现了。

合并两个低价值业务,其实质在于无价值时间基本没有明显改变,但是两项有价值部分的业务相叠加,其结果是使业务的价值比例大大提升。

2. 业务价值率分析

业务价值指的是开展此业务能够给客户带来的价值。当然,必须说明,同样的一项业务,因为开展业务的方法不同将导致为客户创造的价值不同。通常情况下,业务价值可以从两个方面描述,其一就是开展的业务自身价值与客户定义价值的吻合度,如图2-14所示;其二就是所开展业务与企业运营目标的吻合度。第一种情况是从客户价值角度考虑的,第二种情况是从目标管理的有效性角度而言的,两者本质上并无矛盾。

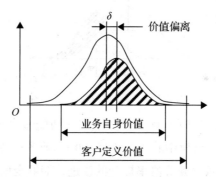

图2-14 业务自身价值与客户定义价值的吻合度

在这里,为了讨论方便起见,我们提出两个概念,即业务自身价值和业务价值率。业务自身价值指企业为了实现战略目标或者运营目标而分解的业务的价值,原则上这些业务都与实现客户价值相对应,但事实上,由于业务分解,或者业务实施者对于业务目标理解不同等原因,使得业务自身价值在业务设置当初就与客户定义价值产生了偏差。业务价值率是指一项业务包含的客户可以接受的价值与其自身价值的比例。业务价值率反映了企业开展业务的技术水平、管理水平、持续改进水平,以及企业的综合能力和素质。

在图 2-14 中,业务自身价值中心与客户定义价值中心的偏离用 δ 表示,δ 越大意味着业务带给客户的价值就越低。图中业务自身价值(即阴影部分)虽然完全在客户可接受范围内,但是仍然有改进的必要性,以使 δ 越小(δ 越小,客户满意度越高)。

企业开展业务的过程需要进行目标管理,需要进行定期检查以便及时发现存在的问题,否则,所开展的业务表面上在顺利进行,但是业务自身价值却已经偏离出客户定义价值的范围,如图 2-15 所示。图 2-15 所示的情形,开展的业务中已有很大一部分(图中阴影部分)不能被客户接受,而另一部分客户也只是勉强接受,这就说明此时该项的业务价值率已经非常低了。如果业务开展出现这样的情形,就属于失败。

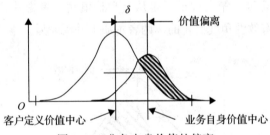

图 2-15 业务自身价值的偏离

企业开展业务要追求的目标是业务自身价值能够被客户全部接受,同时它的中心与客户定义价值中心重合(即 $\delta=0$)。业务价值率的管理涉及企业的方方面面,持续做业务价值率提升的改进,能够全面促进企业整体水平的提高。

对于企业来说,真正提高业务水平的努力不是表面上的对策,即将 δ 如何缩小的对策,而是应该彻底追查 δ 产生及变大的原因,这才是具有革新性的行动。

3. 业务价值重要度分析

企业的战略目标由多个目标组成,在这些目标中,它们的重要度是不一样的。从客户角度说,他们对于产品的需求也并不体现在某个单一方面，例如对于汽车产品而言，客户不仅需要汽车有良好的操控性，还要有充分的安全配置、喜欢的外观、舒适的空调、动听的音响等方面，但是这些要求对于客户的重要度是不一样的，例如安全配置和操控性的要求就会更高。

有了对于客户需求重点关注方面的把握，就意味着企业在基于客户所有需求的方面展开业务研究时，应考虑业务在资源配置上的策略，而不是均匀配置。基于客户需求重要度的资源配置，在不增加或不显著增加企业资源的情况下，有助于提高客户满意度，有助于企业战略的实现和企业竞争力的提高。

2.4.2.3 确定业务量

企业业务量决定着企业的规模，企业业务的数量与企业的市场空间存在密切关联。规模小的企业往往产品单一，因此企业的业务总量也就较小；规模大的企业通常产品系列多，因此对应的业务总量也就较大。企业的业务量来源于市场的需求量或者市场容量，当然也决定于企业战略。

这里需要讨论的是，对于来自市场的一定规模的需求量，映射到企业内部到底最少需要开展多少业务才能满足市场需求。对于企业来说，这是一个必须清楚的基本问题，然而企业竞争力的差距也正是在这些地方体现出来的。一个简单的例子就是，已知生产线的产能是每天能生产200个产品，需要6个人以每天8小时工作制来生产。假如某一周每天需要生产150个产品，生产线的任务减少了，那么业务数量理应减少，但是实际上应该如何安排才能使业务量与任务量对应起来呢？

这样的看似可以忽略的"小问题"，其实恰恰体现着企业是否"强大"。企业的业务纷繁复杂，类似这样的"小问题"数不胜数，如果这些"小问题"都能够被得当地处置，甚至企业的各个职能部门日常工作的大部分内容都在致力于预防各类"小问题"的发生，并为防患于未然而持续改进和创新，那么这样的企业的竞争力将会得到很大提升。

2.4.2.4 确定承当业务的部门数量和人员数量

企业职能部门的设置与企业业务的复杂程度有关，根据企业的运营方式，企业业务越复杂且业务分解的环节越多，需要承担这些业务环节的部门也就越多；反之，业务越简单且分解的业务环节越少，那么承担这些业务的部门也就越少。

这里要重点说明的是，企业部门的设置、部门内人员数量的安排以及与业务应该是怎样的关系，是需要明确的。

企业到底需要多少个职能部门以及每个部门需要多少人员，要弄清这些问题，需要从梳理业务开始。原则上，企业内所有有价值的业务都需要有部门和人员承担，当承担业务的人员数量达到一定规模时，就可以建立一个部门。从业务性质上看，一般而言，具有相同业务性质的人员应该属于同一个职能部门。

总之，在考虑部门和人员设置的时候，原则是先梳理业务，再计算所需人数，最后确定部门数量。没有业务，就没有设置部门和人员的必要性。

2.4.3 业务量与人数的关系

一般来说，企业的业务量越大，所需要的人员数量就越多，这是容易理解的事情。但关键是企业管理所需要的不是模糊的比例关系，而是尽可能精确的结果。

2.4.3.1 业务类型及性质

这里仅从企业较宏观的层面来描述企业的业务类型及性质，见表2-6。

表 2-6 企业的业务类型及性质

序号	业务类型	业务范围	业务要求	业务性质
1	采购	·原材料 ·零部件 ·辅料 ·服务	·按照需要的数量和时间采购优质的物料 ·有潜在供应商备用	物料等筹措
2	仓储	·原材料 ·零部件 ·辅料	·设置在库基准数保证顺利生产 ·物料配置与输送 ·异常消耗的联络 ·物料安全防护	物料储存与配送
3	生产准备	·刀具准备 ·工具准备 ·油、液准备 ·水、电、气准备	·保证刀具配给 ·保证工具配给 ·保证油、液配给 ·保证能源供给	后勤保障

(续)

序号	业务类型	业务范围	业务要求	业务性质
4	产品制造	• 生产人员筹措 • 依据计划进行产品生产 • 设备维护 • 质量检验 • 实施改善 • 人才培养	• 以高于前月效率为目标筹措人员 • 严格按照计划排产 • 按要求进行自主设备维护 • 按要求进行质量检验 • 面向生产性提高的改进 • 按计划实施人才培养	产品生产
5	设备维护	• 设备紧急修复 • 设备定期维护 • 设备改善	• 以恢复为目的 • 以预防为目的 • 以提升设备性能水平为目的	设备保障
6	质量保证	• 原材料质量保证 • 外购件质量保证 • 自制件质量保证 • 最终产品质量保证 • 产品质量向上活动 • 人才培养	• 质量检查标准 • 外购件质量保证要领 • 自制件质量检查标准 • 最终产品出厂检查要领 • 营造质量向上的氛围 • 人才培养	质量保证
7	产品交付与服务	• 实施售前服务 • 实施售中服务 • 按照合同约定将产品交付给客户 • 实施售后服务	• 帮助客户了解产品以及实现他们的目标 • 帮助客户深入了解产品，使其选择适合的产品 • 交付产品，保证产品规格型号正确 • 按照合同要求将产品外在质量延续到交付的目的地（对于内在质量，如性能、可靠性等按照产品自身的承诺） • 回答客户在使用产品过程中的任何疑问并及时解决出现的问题	销售与服务

大型企业的业务类型相比表 2-6 所列举的内容要多许多，但无论如何，所有的业务必须来自客户的需求。

2.4.3.2 作业研究

这里的作业是指开展业务时的具体操作行为。作业研究是指对于开展某项业务的更适宜的操作方法所做的探究。一般而言，生产现场生产产品的作业频率是非常高的，例如每分钟发生一次。这样一来，如果合理的作业和不合理的作业经历一个月的时间，就会产生巨大的累计差异。不合理的作业经常体现在以下方面。

（1）作业强度大

一项作业内容在正式实施前，应该进行科学和严谨的评估，包括人在一次作业过程中由哪几个姿态构成，在每一个姿态中人承受的负荷是多少，按照人的性别、年龄和国家安全作业标准规范要求来综合评估作业强度是否合适。

超过人的生理极限的劳动强度一方面会降低作业效率，另一方面会引发职业病，如果确有这种情况发生，就意味着企业应该重温一个基本问题——"企业为什么存在"。

（2）隐含不安全因素

安全是作业的首要条件，任何可能导致人员伤害的作业环境因素，都可以归类为不具备作业条件的范畴，其结论就是不宜开工生产。

安全的作业条件来自人本身的因素，也来自设备因素以及相关的环境因素。因此，评估现场作业的安全性或安全等级也可以从这三方面进行。

（3）质量不良

产品质量不良是 5M1E 存在问题的综合反映，它相当于一面镜子，折射出生产现场制造条件存在问题的信息。任何想消除不合格产品或提升产品质量的做法，必须从改进形成产品质量的过程条件入手。

（4）效率低

作业效率是指作业者在一个作业周期时间中，有效作业时间与一个作业周期时间之比。有效作业时间所占比例越大，作业效率就越高，在进行作业改善时就应该朝着这个方向去努力。

2.4.3.3 业务的标准化

企业开辟新的业务是经常发生的事情，开辟新业务意味着企业市场的拓展，意味着竞争力的提升。企业开辟新市场和新业务，并不意味着要抛弃老业务，因为正是在老业务的支持下才有能力开拓新业务。企业要想做好新业务，必须从做好老业务着手，从做好老业务中获得规律、知识和相应的核心元素，然后将其迁移以作为新业务的基础。

所谓新业务，即从企业新介入的市场衍生出的业务，这个业务从具体内容上看是企业以前未曾做过的事情。新业务随着时间也会成为老业务,老业务意味着企业已经掌握了从事它的方法与技巧,换句话说,就是通过长年累月的实践能够稳妥驾驭的业务。

做好业务,其一就是能够确保每一次的业务结果都能成功,其二就是确保每一次业务的结果都一致。开展具有重复性质的业务,要做到这两点应该是企业的目标。

企业具有重复性质的业务占绝大多数,只是它们重复的周期时间不同。例如,生产产品的周期以分钟计,每日晨会以天计,月度销售会议以月计,ISO 9000 质量管理体系内部审核以季度或年计等。

企业要想使具有重复性工作做得好且一致,关键的做法就是将业务方法标准化。标准化是聚集最佳技巧的"平台",也是知识和技术更新的基础。许多企业的业务之所以举步维艰,改进无望,就是因为没有一个稳定和可以再现的技术平台作为支撑。

企业的经营与发展过程也可以说是企业将新的业务逐步标准化的过程,业务标准化的能力越强,对于掌控新事物、适应新环境的应变力就越强。

2.5 企业目标的管理

企业没有目标如同没有行走的方向,就不可能聚集全员的努力去实现共同的愿望。企业有了目标,如果缺失有效的管理,那么目标也将形同虚设,不可能有所作为。因此,企业设置和强化目标管理是非常必要的。

2.5.1 战略目标的管理

企业战略目标是以所在行业和竞争环境为基础,表明战略周期内的总任务,明确战略重点、战略阶段和战略对策,可以说战略目标是制定企业发展战略的核心。

2.5.1.1 目标的清晰性

企业制定清晰的战略目标可让企业全体员工充分认识和理解企业的业绩目标、竞争位置以及实现途径。战略目标就像夜路中的指路明灯,一步一步地引导企业实现目标和走向成功。

对于企业而言，清晰的战略目标还体现在多个企业期望实现的目标中，要找出最能发挥自身优势的目标，这个目标的方向就是企业最可能取得成功的方向。

企业实现目标以开展业务为基础，开展怎样的业务和如何开展都需要决策。没有清晰的目标就没有方向，也就无法决策，清晰的战略目标为战略决策明确了将要达到的结果。

2.5.1.2　目标的易懂性

企业的战略目标必须具备容易解读和容易理解的特点，因此战略目标应该具有稳定性，不可摇摆不定，使人无所适从。经济效益是企业生存与发展的主要因素，而且人们往往对于企业效益的信息较其他信息更容易做到准确理解，因此在战略目标中要以明确的效益来描述企业的未来，以激发员工的工作积极性。

目标的描述离不开业务方向、时限和欲达结果的状态三个参数，描述任何一个参数时，力求具体、明确和清晰，其中哪一个没有描述清楚，都容易导致目标被误解，其后果就是难以做到企业上下一致。

2.5.1.3　目标的可调节性

战略目标是企业决策者根据企业的使命、愿景、社会责任和市场竞争环境的具体情况，决定在未来几年内企业要达到的状态，包括企业外部的竞争位置提升、企业形象建设等方面；也包括企业内部的组织建设，产品研发能力、产品生产能力、人才培养能力和业务管理能力的提升等方面。

企业战略目标的实现需要以面向企业外部和内部多方面业务的开展和推进为依托，因此这些业务在编制计划时也一定需要设定计划目标，而且这些目标对于企业顶层的战略目标在逻辑上应具有充分的支持性。

然而，事物具有易变性，而且变化是永恒的，所以不管变化来自企业外部还是内部，企业都应该积极响应。所谓响应，就是根据变化，对相关的业务计划做出对应性的调整，甚至废止，然后按照新的计划和目标继续推进，直到完成业务和实现战略目标。这里需要强调的是，计划是组织依据人的经验等因素制定的，具有主观特性，而且客观条件是变化的。因此，随着时间的推移和开展业务的进行，计划与现实资源之间容易发生冲突，使得业务进度偏离目标要求。这是正常现象，及时调整计划或资源配置就可以解决。

事实上，即使没有来自内、外部的变化，开展业务的管理者也应该经常审视业务计划的实施过程，查看为了开展业务和实施计划所做的初始资源配置是否存在问题。表面上如期且保质保量地完成了业务，但在资源配置方面很有可能存在资源冗余的问题，这一点需要企业留意。

2.5.1.4 目标的一致性

目标的一致性是指企业上下层次目标之间、左右平行目标之间，以及目标与实现目标的业务之间不能存在矛盾之处，如果存在矛盾，那么目标将难以实现。

1. 上下层次目标的一致性

企业最上位的目标是企业战略目标，其次是企业运营目标，然后是职能部门目标、班组目标以及个人目标。它们的逻辑关系是自下向上负责，即下层目标完全覆盖上层目标，换句话说，如果实现了下层目标，那么相关联的上层目标自然就得以实现。

这里的关键问题是，当上层目标分解为下层目标时，下层目标是如何确定的，而且确实能够保证下层目标刚好担当得起对上层目标的责任。这是一种企业能力的体现，这需要下层管理者对于实现下层每一个目标以支持上层目标的贡献非常清楚，而且对于确保下层每一个目标的实现具有很强的控制能力。

其实，换一个角度看，如果下层目标有意设置冗余，那么对于实现上层目标具有安全性，但这是不被允许的，应该被企业文化所不容。例如，设置大量的库存有助于连续生产，但这是不被允许的。

2. 目标与业务的一致性

目标的实现以开展相对应的业务为手段，目标是否能够实现在很大程度上取决于要开展业务内容的设置，如果内容设置得不适宜，那么增加了目标的实现难度和不确定性。例如，企业期望提高生产线的产能（即每小时产出合格产品的数量），有下面几种方案：

①确定产能瓶颈工序，在瓶颈工序处追加一台同样的设备，以解决问题；
②确定产能瓶颈工序，挖掘该工序的能力潜力；
③确定不合格品率最高的工序（该工序可能是产能工序之外的其他工序），消除产生不合格品的问题；
④确定设备故障频发的工序，消除故障原因；
⑤综合②、③和④的想法。

通过分析，上述哪种想法对于提高生产线的产能最适宜呢？应该是第5种想法，因为该方案不必发生较大的投资，而且解决的是在生产线上本来就已经存在的问题。

3. 互为条件的业务的一致性

开展一项业务有时是以另外一项业务成果的输出为条件（或输入）的，开展每一项业务要想成功，它的条件与期待它输出的结果之间应有对应的关系。如果互为条件的业务之间具有冲突或者条件不足，那么所开展的业务将难以实现。例如，某些企业常会出现的矛盾是：为了得到生产的规模成本优势，产品生产数量就不能低于某一基准数量，但是这与以销定产的原则是矛盾的；再如，为了完成当日工作，只能安排加班，但是这增加了生产成本。

重要的是，企业平时就应该掌握这种问题和冲突的解决方法，从而避免此类问题的发生。

（1）检查机制

企业运营会出现形形色色的问题，当问题以客观的形态出现并影响到业务的正常开展时，原则上就意味着管理失败。当客观问题出现后，许多企业认为快速纠正就是理所应当的全部工作内容了，这是对于"失败"的理解产生了差错。

有效的管理是要将管理的重点放在目标实现的过程上和开展业务的过程中。经常检查业务开展的进度与预定计划之间是否一致，以及其后的趋势会怎样，在资源配置上所存在的问题，什么时候和有无必要介入干预措施等，管理者都应了然于胸。

目标实施的失败一定与疏于目标管理有关，因为放任业务让其自由发展不可能有好的结果。

（2）管理者的职业素养

管理者的职责决定了其应该具备的职业素养。这里的职业素养不单指受教育程度、水平和职业生涯的基本要素，更重要的是其捕捉为了实现目标的资源配置与优化机会的能力，还包括针对各种疑难问题的应变能力、鲜明的创新意识及创新的号召能力。

2.5.2 目标的修正

目标的修正，都属于目标变更的范畴。目标变更是指原有的目标已不再适合企业的发展要求，因而需要进行修正，以增加目标与企业发展的适宜性。目标修正是经常发生的事情，目标修正的价值在企业外部特征上来说是充分发挥企业优势，提高企业竞争力；在企业内部来说是进一步激发团队的潜力并实现更高的突破。可以说，企业的发展过程也是企业目标的修正过程。

需要指出的是，有些企业计划已经偏离了实际，但从主观上仍不愿意进行变更，因为他们认为计划偏离了实际就意味着计划的失败，意味着经过层层审批的计划不再适宜，我们说这是对计划的误解。计划的对象就是具有变化属性的客观现实，也正是为了达到目标才通过控制客观现实的变化进而一步步接近并实现目标。

2.5.2.1 目标修正的原则

目标修正的原则是指对目标是否需要修正以及修正时机的判断。如果企业外部的竞争环境和内部的运营条件发生改变，仍然按照原有目标和业务计划推进的话，那么就有可能难以实现目标或者造成损失。目标和业务随着与之相互作用的条件的改变而变化是目标管理的基本做法。

目标修正的时机也是目标修正非常重要的方面，如果目标修正早了，那么修正的依据不足；如果目标修正迟缓了，就会使开展业务的方向或进程偏离企业实际竞争或运营需求。其结果是，无论因过早修正目标而误导企业行为，还是迟缓修正目标而贻误机会，最终都会导致损失。

2.5.2.2 目标修正的基准

尽管目标具有可修正的特点，但并不意味着它可以被随意地变动，也就是说修正目标需要合理的依据。为了使目标修正产生期望的效果，目标修正的基准可以参考如下。

1. 目标修正需要满足符合性要求

符合性是指目标修正的内容需要与企业内外部环境和条件变化相对应，且满足企业使命和愿景的精神。这个要求意味着不能因为获取短期利益而损害企业的宗旨。

2. 目标修正的正确性

正确性是指目标修正的程度应与环境变化的程度相对应。当然，修正目标的前提一定是在深入把握企业自身能力的基础上进行的，如果修正的目标远远超出企业能力，就没有现实意义或者有可能导致企业的行为偏离战略重点。

2.6 工作计划及其实施

无论是企业的战略目标，还是其他层次的目标，都是对未来一个时间点的工作状态的描述，例如市场开拓10%，成本下降3%等。对于未来某个时间点要达到的状态的描述不等于到了那个时间点后，所设定的目标就会自然地实现。这两者之间需要一个必要的环节，那就是工作计划（也可称为业务计划）。没有工作计划，目标就只是个概念而已，计划是通向目标的桥梁，是由当前的出发点奔向远处目标点的基础和通道。

2.6.1 计划编制的依据

2.6.1.1 编制计划的条件

既然计划是通向目标的桥梁，那么搭建桥梁必须有牢固的基础和架构，也就是工作计划的编制需要可靠的条件和依据，没有依据的计划是不可想象的。工作计划的架构或者生命力在于它对于关联工作架构的合理搭建与安排。

编制计划的依据和条件主要包括以下几方面。

1. 上一层的计划和目标

编制工作计划的条件和依据总是来自上一层的工作内容和目标要求。由于下一层的工作总是为上一层的工作负责,因此在规划下一层工作内容和设定目标时,应持有非常严谨的态度,做到一丝不苟。例如,如果上一层工作计划要求"产品生产过程中需要确保合格率不低于99%",那么下一层的计划中就不能仅仅写成合格率不低于99%这样的"复制和粘贴"!正确的做法是针对这一要求制定质量检查项目、频度、检查者、发生不合格品时的原因追查制度等内容(或者体现在补充要领中),理由是,下一层工作计划再怎么细致也不过分,因为"确保合格率不低于99%"是刚性的。

2. 下一层可用资源状况

编制工作计划与所持有的资源状况有关,有充足的资源时,易于编制出能够实现目标的计划;如果资源出现不足时,就需要开动脑筋,思考如何最大限度地应用现有资源,这包括怎样共用资源,怎样使资源具有多种能力等。总之,必须考虑增加资源的灵活性。

3. 工作的复杂性和难度

工作的复杂性是指该项工作的性质,也就是它是单一性的,还是复合性的。单一性是指组成工作计划的内容具有单一性。对于单一性的工作计划,应用一组固定的资源配置方案就能够完成工作计划。例如,一台设备更换液压油的工作计划。复合性是指组成工作计划的内容由两种以上不同类型的内容,按照某一逻辑相互结合的一种状态。对于复合性的工作计划,应用一组固定的资源配置方案常常是不够的,因为每一种类型的工作内容需要的资源配置是不同的,如果需要两种类型的资源配置,那么两种资源配置的资源要素在计划实施过程中根据需要可能投入的时间、次序会有所不同。在这里,为了发挥每一种资源要素的最大作用,需要对工作计划进行有效管理。

工作难度是指完成工作所需要的知识、技术和技能与资源配置提供的资源能力有关,如果资源能力不足,那么完成该项工作就会产生困难。

当计划制定完成后,业务组需要评估完成工作的问题点所在。如果某一环节确实存在问题点,那么就需要在充分分析资源的基础上,制定消除问题点的预案,必要时还需要对预案进行可行性试验。

2.6.1.2 计划涉及的要素

规范的工作计划是高质量完成工作的桥梁和工具,它根据要完成的工作内容和要求将所需要的资源进行统筹和合理安排。典型的工作计划包含以下要素。

1. 计划背景和概况描述

当编制计划时，首先要描述清楚工作计划的背景，其次是对工作目标和范围进行简要概括。这样可以使与计划相关的工作者在思想上有充分的准备，以提示自己这个计划将以怎样的状态或者预先做什么准备来投入这项工作。它是开始工作前需要做出何种准备的依据。

2. 总体目标

总体目标是针对概况部分提到的目标进行详细的描述。例如，对于销售计划而言，内容至少包含销售对象、涉及产品和利润等。

3. 总体方法

这里的方法主要指实施工作所要应用的策略和方法，包括销售策略、管理策略、技术方法等。这些方法应该是企业在日常运营中总结出来的具有鲜明特点的优势手段。

4. 计划内容

计划内容指在工作计划中所有需要被实施的部分，例如保证安全、完成产量、保证质量、控制成本等。

5. 进度安排

进度安排是指对于计划中的各种事项所做的时间进度安排。必要时，这个时间进度是在任务实施者参与的情况下确定的。

6. 资源预算

资源预算是指对于完成计划中的每一项任务所需要资源的预估。资源预算除了与费用有关外，还包括完成任务的其他方面的资源准备，如人、设备等。在工作计划中，如果某一方面资源已经确定，那么在计划中简要说明即可。

7. 人员安排

人员安排是指为完成计划对人员的预期要求，包括人员的知识、资质、技能等。人员安排也属于资源预算的一部分，资源预算应满足对于人员安排的要求。

8. 风险管理

风险是指阻碍工作计划完成的潜在因素，如火灾、异常天气、操作失误、畏难情绪等。管理者的职责是通过有效管理使工作按计划得以顺利进行，因此管理者的管理内容绝不仅仅是工作计划中的内容，而是还有另外一部分内容，这其中就包括对风险因素的识别和管理。

9. 计划审批

工作计划的有效性，需要使之生效的审批流程。工作计划的形成流程也就代表着计划的决定和审批的过程。计划一般由综合职能部门起草，然后交给实施部门确认，再返回到起草部门决定。当然，如果计划内容涉及部门和层次较多，那么计划审批流程也会较长，反之审批流程就较短。审批流程长是为了使所涉及的部门对计划内容都做到了解，以便为工作计划的实施铺平道路。

2.6.1.3 计划中的关键节点

工作计划形成之后，工作的实施者或者实施团队应该评估工作计划中的关键节点，这包括实施工作的难点和利益点。

识别工作计划中的难点目的是在执行工作计划过程中筹措解决难点问题的资源，以便面对难点问题时能够迎刃而解；识别工作计划中的利益点是为了能带来完成工作计划的有益机会，且易于得到超出期望的有利结果。

2.6.2 计划的实施及检查

如果工作计划都已经进行了资源配置，那么按照计划安排实施就可以了，持这种观点的人可能忽视了"变化"的存在。

2.6.2.1 计划实施及检查的意义

计划实施的目的是实现工作目标，而检查的目的在于判断目前实施工作计划的方式到底是否能够实现工作目标。两者的目标相同，但是作用对象不同：计划实施是要充分应用配置的资源，而计划实施的过程检查是要发现工作方式和方法是否存在问题。

2.6.2.2 计划实施者自身的检查

工作计划的实施者也是工作实施过程的检查者。换句话说，工作实施者的另一项工作是要对自己的工作过程进行确认和检查。确认和检查的判断标准是工作计划和与工作环节相对应的质量标准。自我检查的目的在于实时掌握工作方向是否发生偏离，工作结果是否产生缺陷，下一步工作是延续还是调整，这些事项都是工作实施者在工作中做自我检查的基础上进行的。当实施者发现问题自己又不能有效调整时，应及时向工作负责人反馈以获得帮助。

2.6.2.3　计划实施责任部门的检查

为了确保工作按计划正确地推进，单靠工作实施者自我检查是不够的，还应该设置另外的检查环节，即计划负责部门的检查。计划负责部门的检查有助于把控工作计划中涉及的所有工作实施者集体的计划实施与推进状态，以及不同工作实施者之间的工作结果是否存在潜在问题。

2.6.3　实施计划中的问题与对策

工作计划实施过程会有各样的问题出现，这也正是要进行工作计划实施管理的原因。在工作计划实施之前，计划负责人就应该做好解决计划实施中可能出现各种问题的准备。

2.6.3.1　高质量完成预定计划的意义

"第一次就将事情做正确"是企业努力的方向，这不仅反映了所制定的工作计划考虑周密、计划内容得当，而且也反映了工作推进的执行力和管理的有效性方面都是出色的。要高质量完成预定计划，不仅要有较强的执行计划的筹划能力，还要考虑到完成工作过程中各个阶段所存在的潜在问题，并准备相应的解决预案等。

高质量完成每一个工作计划的内容和目标是工作实施者的责任、能力以及敬业精神的综合体现，也是企业逐步实现战略目标的重要保障。

2.6.3.2　工作计划中问题分析及解决方法

工作计划的实施过程也是资源配置的修订过程。随着工作的进展，有时需要对之前计划的资源配置进行调整。例如，为了确保实现工作目标，需要将现在工作环节的目标稍微提高的情形；再如，为了满足客户对于产品的大量需求，需要在生产线上追加一名作业者以提高产能的情形。

对工作计划中的问题分析在于找出产生问题的关键原因，进而为消除问题创造条件。对问题关键原因的分析，就像人们经常使用的方向方法，通常在 5M1E 中确定有关的关键原因。但这里要说明的是，除了 5M1E 原因方面因素外，对 5M1E 在管理方面的作用不可忽视。因为很多时候，正是对于 5M1E 制造条件缺乏有效管理，才使工作计划与配置的资源失去协调性。

解决问题的关键在于消除问题的根本原因，而不是表面原因，由此可彻底解决问题并降低成本。问题的原因按照其形成问题的逻辑分为直接原因、中间原因和根本原因，寻找并消除根本原因是有效解决问题的重要途径。

2.7 在运营与管理中建立自下而上的人才培养梯队

企业的运营是以向客户提供优质的产品和服务为主要目标的，这是从社会的角度观察企业行为的结果。从企业内部来看，企业运营的目标是培养优秀的人才。

2.7.1 人才成长的基础

人才成长需要良好的企业环境和企业文化。这里，企业环境包括企业发展状况、盈利能力、企业管理水平以及人才政策等因素；企业文化是指企业浓厚的尊重知识、尊重人才、培养人才和知人善任的氛围。

人才成长离不开企业优秀前辈的帮助。优秀前辈人才越多，对于后辈人才的成长影响越大，那么人才成长速度也会越快。因此，企业应有意识建立一支强大的人才队伍，这是保持人才成长的基础条件。

人才成长离不开情感思维的培养。情感思维主要指人才的道德修养、情感和意志。积极的情绪、美好的情操和高尚的品德是成才必备的情感要素。

人才成长另一个主观条件是智力因素，包括知识、技能和能力等。人才成长需要不断增加掌握的知识量，知识是提高技能和能力的基础，僵化和不变的知识不会提升人的能力。

创造性的思维方式是人才成长的另一个要素。创造性思维是指人们摒弃现有思维方式而探索新的具有开创性的思维活动，这种思维结果比原有思维结果具有明显的优越性。

2.7.2 导师制人才培养模式

导师制是人才培养最直接的方式。导师制的类型有四种[5]，见表2-7。

表2-7 导师制的类型

类型	描述
传统的一对一	为每一位学员配备一名导师，导师的作用是向导、辅导员
反向导师制	有技术和经验的年轻导师对相对年长但需要学习某项技术的学员进行辅导
导师带领制	给每位导师配备一组学员，这组学员通常有类似的能力、技能或目标
同侪导师制	一组人组成一个群体，他们彼此之间是地位相同的同事，他们组成一个团队，共同提高某项技能

2.7.2.1 传统的一对一类型

传统的一对一导师制是指一位学员配备一位导师，学员和导师的师徒关系最为深入，产生的影响力也最大。两者间建立的私人关系使他们高度信任，这有助于他们深入挖掘潜能，获得更好的发展。在此类型的关系中，导师会给予学员指导与支持，向学员提供个性化的关怀，学员通常会感到自己是备受关注的。

一对一导师制对于人才培养有着显著的效果：因为师徒关系是真实可靠的，也是长远的，在一般情况下，学员都会有显著的进步。然而，一对一的导师制一般需要较大规模的导师库，需要导师的候选人数要比学员多，这样可以保证学员有充足的导师资源。

传统的一对一导师制一般不适用于如下情况：

1）组织以创新为核心，层级观念不强；
2）学员非常善于建立人际关系且善于找到非正式的导师；
3）将持续的内容传授放在首位；
4）导师数量不多；
5）潜在导师缺乏技能，不能有效地帮助学员发展。

2.7.2.2 同侪导师制

同侪导师制小组是由一组人因为共同话题或某种技能提高的需求而聚在一起相互指导的团体。这些参与的员工（与他们的职位或头衔无关）致力于互相帮助，以实现自我发展。

因为没有指定的导师，所以此类型的导师制关系维系过程中不包括固化的专业知识的传递。但是，它确实可以在小组内形成一个集体，并给组员赋能。这给组织的长期发展带来益处。

同侪导师制小组在具有扁平组织架构、灵活的工作环境和学习文化的组织中会运行得很好，因为在这样的组织里，成员们倾向于相互帮助，共同发展。此种类型有助于成员们通过轮流带领团队的方式来提高领导能力，这也会给组织带来巨大的价值。

同侪导师制一般适用于如下情况：

1）导师匮乏；

2）重视团队及员工敬业度；

3）管理资源有限；

4）存在一项紧急的学习需求，并且员工可以在无专家情况下互相帮助与促进。

2.7.3 对人才成长的评价

企业对于人才的培养不是为了应急或者补足某一方面能力的临时性行为，而是立足于企业当前竞争位置并面向未来的长期性行为。因此，企业的人才培养工作必须建立一套系统化的人才培养体系，以实现高效和高质量的培养目标。

四级培训评估模式指的是评估人才培养工作所采用的一系列方法[6]。在这四个级别的评估中，每个级别都极为重要，都会对下一级别产生一定的影响。对于这四个级别的评估，不能随意跳过步骤跨越进行或省略某些级别直接跳级。四个评估级别分别为反应评估、学习评估、行为评估和成果评估，涵盖了人才培养的全过程。

2.7.3.1 反应评估

这个级别的评估是衡量参加人才培养的学员对培训有关的各个环节所做出的反应，也可理解为是对学员满意度的评测。学员对培养工作提出的意见往往会传到高层管理人员，而高层管理人员则会对培养工作的未来发展做出相应的决策。因此，对于那些担当企业内部人才培养工作的培训人员来说，赢得学员积极、肯定的反应是非常重要的。积极和肯定的反应虽然并不能完全保证在培养学员方面取得成功，但可以肯定的是，负面而否定的反应总会使得培养成功的概率变得很小。

2.7.3.2 学习评估

这个环节的学习是指接受培养的学员通过人才培养后，能够在多大程度上实现态度转变、知识扩展或技能提升等相应结果。例如，涉及员工队伍多样化方面的人才培养，其目的主要是实现学员态度的转变；技术类培训项目则是扩展学员知识和提升学员技能，领导、激励和沟通等主题的培养工作，是为了实现上述目的。为了对学习状况做出评估，企业必须确定学习的具体目标。

这里所讲的四级培训评估模式中，如果出现了下列一项或多项结果，就可以认为学员完成了学习，这些结果是：学员的态度转变了，学员的知识得到了扩展，学员的技能得到了提升。如果学员要想在行为方面发生转变，那么他们肯定会转变上述一个或多个方面。

2.7.3.3 行为评估

这个环节的行为是指接受人才培养的学员在培养结束后，能够在多大程度上实现行为方面的转变。若为了衡量学员行为方面的转变，想跳过第一、二级别的评估，直接对学员行为方面的转变进行评估。这是错误的做法。举例说，如果学员在行为方面没有发生任何转变，显然就可以得出这样的结论：培养工作没有取得相应的效果，应该终止此培养工作。这个结论或许正确，或许不正确。学员的反应可能很好，学习目标也可能得以实现，但第三、四级别的预期结果可能并没有出现。也就是说，第一和第二级别即使得到了满意的评价结果也并不意味着在第三阶段就会出现期望的行为改变。因为第三级别是行为的改变，它需要必要的条件。

为了促使学员的行为发生转变，必须具备如下4个条件：

1）学员必须有行为转变的欲望；

2）学员必须知道应该做什么、应该怎么做，也就是懂得如何转变；

3）学员必须有恰当的工作氛围；

4) 学员必须能够从转变中获得相应的回报。

有时，可以通过传授必要的知识和技能让学员具备实现预期行为转变的积极态度和基础，这样就能够实现转变的目标。

2.7.3.4 成果评估

这里的成果是指学员参加人才培养之后，能够实现的最终成果。人才培养取得的最终成果包括如下：提高了产能，提高了质量，降低了成本，减少了安全事故件数，事故的严重程度减轻了，销售收入增加了，员工流动性下降了，企业利润增加了，员工的士气提高了等。

在实施之前，人才培养需要规划好本次培养要达到的具体目标，四级培训评估模式流程图如图 2-16 所示。

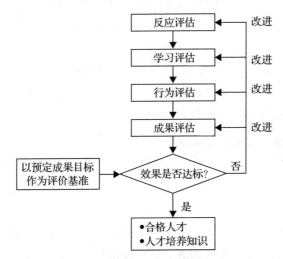

图 2-16 四级培训评估模式流程图

按照图 2-16 所示实施人才培养时，不可缺少的是在"成果评估"步骤结束后设定"效果是否达标？"环节，该环节旨在对人才培养工作实施结束后的最终培养效果进行考评，以得出人才培养过程是否有效。"预定成果目标"是以企业运营目标为基础制定的，它必须服从企业战略和市场竞争的要求。如果考评的结果达成了目标，则企业获得了合格人才以及人才培养知识，与此同时，还要找出人才培养过程的不足，从而进行持续改进。

2.7.4 激发员工的潜力

员工的能力可分为两部分，一部分是已知的，这部分能力已经被团队和员工自己所了解；而另一部分是团队和员工自己都未知的能力，即潜力。员工潜力是指员工尚未被团队和自己所发现或尚未被开发出来的能力，挖掘员工潜力的过程如图 2-17 所示。

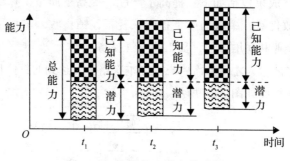

图 2-17 挖掘员工潜力的过程

值得注意的是，人才培养过程中应持有的理念是：人的潜力是永远存在的，且不会因逐步的挖掘而枯竭。

2.7.4.1 建立真诚的人际关系

企业的文化建设对于企业自身的生存与发展具有重要作用，而企业文化是由各个职能部门的文化融合而成的。因此，注重部门文化建设也就自然成为企业和部门的重点事项。建立积极向上的部门文化离不开营造融洽的部门人际关系，这对于部门每个人面向部门目标、共同发挥智慧、共同付出努力以及互相鼓励与支持创造了坚实的基础。

建立真诚的人际关系有助于每一个成员在面对工作难题时，能毫无保留地提出自己的见解和想法，这相当于为创造性的种子健康地生根、发芽创建了适宜的沃土。

2.7.4.2 深刻了解部门成员与任务安排

企业要想高质量地开展部门业务，就需要充分调动每一个人的能力，进而尽最大可能发挥其作用。在部门中，部门领导对于每一位部门成员做到深刻了解是必要的，因为这涉及什么性质的业务交由谁去担当，什么样的难题交由谁去攻克，也就是说，这决定了保证完成业务的资源配置。

部门开展任何业务，安排适宜的人去担当是很关键的，这将决定业务的成败。对于不同的业务或者工作岗位，安排什么样的人才能增加成功的概率，这需要上级深刻把握业务或岗位要求，这不仅是当下的要求，也包括随着时间和业务的进展产生的变化，然后在全面评估人的基础上对此业务安排合适的人选。企业注重"人岗匹配"的原则会降低业务失败的可能性，因而将提高业务推进的成功率和效率。

2.7.5 在"做"中学习与成长

许多企业在进行人才培养或者任何提高员工技能的培训时，为了保证培训效果，一般都采用集中授课的形式，因为集中授课在条件良好和封闭的空间内实施，可以免受外界的干扰。

2.7.5.1 "闻""看""做"的关系

在人才培养方面，向学员传授知识和技能采用的方式不同，其效果也会有很大区别。在教室内口头传授的方式多以知识为特征，其授课目的是使学员理解某一原理，从而提高其认知水平。但是作为常识，企业开展业务不仅需要知识，也需要技能，甚至没有某方面的专业技能就无法完成某项工作的情形也不在少数。

人才培养所采取的集中授课方式属于"闻"的范畴，也就是说在听知识，在"听"的过程中理解知识是什么以及知识内涵的逻辑，但将"听"到的知识转化为技能还有比较大的差距，或者说"听"知识无法实现有效地将其转化为技能。

"看"指用眼睛看高水平技能师是如何应用知识来解决问题的具体行为和方法。"看"有三个作用：其一，看知识是如何转化为技能的"工具"来发挥作用的；其二，看作为"工具"的知识成功应用的技巧、方法是什么；其三，是反过来思考所"闻"得的知识中那些关键的知识点应该如何正确地理解。

员工技能的培养仅限于集中授课的方式是达不到培养目的的，因为技能通过"做"才能掌握和提高，是通过动作行为来"理解"知识的。低水平的技能意味着知识与人的动作没有达到良好的结合，高水平的技能才是技能培养所追求的。

"做"就是亲身体验所"闻"得的知识，所"看"到的技能，这个环节需要细心体会。体会知识的要点，体会从高水平技能师"看"到的技能要点，反复印证和体会。技能的提高伴随着心理和身体的磨砺过程。

百"闻"不如一"看"，百"看"不如一"做"。

2.7.5.2 工作总结的重要性

工作总结是完成工作的最后一个步骤，没有总结可以视为没有完成工作。工作总结属于企业工程文化的范畴，即总结工作的得失，以达到改善现状和提高工作效率。

许多企业不仅没有工作总结的习惯，也没有工作总结的方法。这对于进一步更好地完成下一个工作是非常不利的。

工作总结除了阐述完成工作目标的部分外，更重要的是对于没有完成目标的部分应做出深入和客观的分析，并能做出防止再发生对策。还需要注意的是，即使完成目标部分的工作，也要进行分析，分析的主要内容在于所完成的任务过程有没有走弯路，有没有更好的方法实现目标。这样做的目的是更好地完成未来的工作。

2.7.5.3 研讨工作愿景的必要性

在部门内部，部门管理者带领大家做展望未来的交流会非常重要，这个活动至少带来以下信息：

1）部门未来主要业务方向；
2）部门未来的关注点；
3）以往开展业务中存在的问题；
4）今后的努力方向。

参考文献

[1] 德鲁克. 管理的实践 [M]. 齐若兰, 译. 北京：机械工业出版社，2019.
[2] 菅野笃二. 超简单目标管理 [M]. 韩丽娟, 译. 北京：东方出版社，2010.

[3] JMAM 目标管理项目组. 目标管理决定成败 [M]. 傅羽弘,郭美辛,译. 北京:科学出版社,2007.

[4] 串田武泽. 目标管理实务手册 [M]. 何继革,译. 广州:广东经济出版社,2005.

[5] 拉宾. 如何在组织内有效开展导师制 [M]. 刘夏青,刘白玉,译. 北京:中国青年出版社,2018.

[6] 柯克帕特里克 D L,柯克帕特里克 J L. 如何做好培训评估 [M]. 林祝君,冯学东,译. 北京:电子工业出版社,2015.

第 3 章 | Chapter 3

企业创新

企业的文化不是一朝一夕能够形成的，需要不断实践、不断反省和不断积累。企业是社会的组成部分，必然要承担社会责任，只有被社会接受和欢迎的企业才有可能获得长久生存与发展的资源。企业文化在企业发展过程中形成并被社会所了解和认同。企业文化体现了其在经营活动和社会交往中的品质、风格和组织态度。

3.1 塑造勇于挑战的企业文化

这里的挑战意指主动发起竞争，或者发奋解决企业或行业难题的主动性。因为挑战的对象（即需要攻关的难题）所需要的实力常常超出了企业自身现有的实力，所以这必然需要发挥一种精神，这种精神也是企业文化的具体体现，是一种不战胜所遇到的困难不罢休的宝贵的特质和气概。

企业需要挑战的事物一般来自企业运营目标及相应的业务，在开展实现业务目标过程中，必然会遇到困难的问题，这时许多企业由于惧怕困难的问题，最后就采用退让或者降低业务标准的做法。这种问题处理态度与"迎难而上"和"以竞争求生存"的生存和发展理念相去甚远。

个人的挑战精神、团队的挑战性格和企业的挑战风格都体现着对于实现目标的激情和斗志，如果企业要想使这种激情和斗志变成行事风格和习惯，那么仅培养他们具有激情的性格是不够的，因为人的性格会受环境变化的影响。

人的文化和企业的文化具有较高的稳定性，想要固化组织的挑战性格，企业在文化建设方面有必要增加"鼓励挑战"的内容，以期企业在思想、决策、行为等方面形成高度的一致性，这对于减少资源内耗、提高企业竞争能力具有重要意义。

企业发展到一定程度，考虑的事情会超出与生存有关的问题，取而代之的是如何在行业中起到引领作用。引领就意味着在它前面没有已探明的路可供选择，没有成功与失败的经验教训可供参考。在这种情况下，企业前行的难度比之前与大多数企业一道前进要困难得多。但是使命和责任使然，企业必须披荆斩棘，以创造更加辉煌的业绩。

例如，20世纪90年代至21世纪初，在世界上许多汽车公司还在着力解决燃油车尾气排放问题的时候，丰田汽车公司早已在1992年就启动了氢能源汽车项目，1996年已生产出第一款氢燃料电池概念汽车（FCHV-1）。

氢燃料电池汽车以其高效、无噪声、零污染的优势，体现了未来汽车能源和环保的趋势，引领汽车工业革命的新潮流。丰田汽车公司于2015年1月5日在美国拉斯维加斯国际消费电子展的媒体预展上宣布，该公司约5680项氢燃料电池专利技术将免费开放给同行使用，旨在推动并主导氢燃料电池汽车产业的发展。其中，与氢燃料电池汽车相关的专利将免费开放至2020年。丰田汽车公司免费开放氢燃料电池专利技术的举措，无疑又一次在全球的汽车行业掀起了新一轮的氢燃料汽车发展热潮[1]。

3.2 企业创新事项

开拓、挑战和进取是企业运营管理过程的常态。创新是蕴含在开拓、挑战和进取中的核心内容。创新能够提高企业的业绩和竞争能力，那么企业该如何规划自己的创新战略呢？如果创新战略的目标制定低了，则没有实际意义；如果制定得太高，远超过自己的能力范围和客户需求的程度，则也没有实际必要。那么，企业制定创新战略时应该如何考虑呢？

创新是企业永久的课题，通常情况下可以围绕以下三个方面考虑创新事项。

1. 提高客户满意度

创新的首要任务是满足客户的需求。客户的需求是变化发展的，有时客户的需求使用企业现有的资源和业务方法是难以满足的，这种情况就意味着企业必须打破现有资源状态和业务方法，进而找出能够满足客户需求的新方法。这里常应用的部分理论与方法有：

1）客户需求分析法；

2）发明问题解决理论（TRIZ）；

3）P&B 设计方法学；

4）公理设计理论；

5）精益管理体系。

2. 实现企业战略目标

企业的挑战就是实现战略目标。战略目标描述的是在一定时间内企业在市场上要实现拓展业务范围和提高竞争力水平的目标。

拓展业务范围意味着增加新产品系列或者新服务。所谓新产品，是为了满足客户新需求而专门开发的产品，这里新产品所应用的知识和技术是在现有技术基础上进一步谋求产品性能的提高以及成本的降低，因此新产品应用的知识和技术必然需要在现有技术上进行改进，甚至不仅仅是对现有技术的再优化，而是一种技术的突破或者新技术的替代。

提高产品性能主要取决于产品设计时所采用的原理和技术。企业选择决定产品功能的技术时存在两种类型的倾向：第一种类型是开发全新的技术，也就是开发与以往技术有很大区别的新技术，使用新技术的产品性能将有明显的提高。产品性能与技术进化的关系如图 3-1 所示。

在图 3-1 中，S_1 表示第一代产品技术，其对应的产品性能为 P_1，S_2 表示第二代产品技术，它相对于 S_1 是一种新技术，其对应的产品性能为 P_2，依次类推，S_3 对应 P_3。从图中看出，随着产品技术的进化，其性能越来越高。

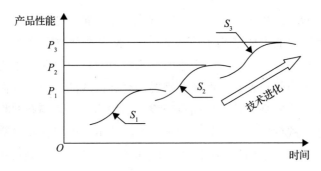

图 3-1　产品性能与技术进化的关系

第二种类型是产品的技术主体仍然基于原有技术，但不是原封不动地照搬使用，其主要策略是深挖原有技术（包括产品技术和工艺技术）的潜力，使技术能力进一步释放出来，也同样能实现明显高于原有技术能力的目标。

图 3-2 表达了同样一种技术在不同企业里，它在产品中发挥的技术能力是不同的。例如，不同企业同样排量的汽油发动机，在相同负荷和转速下，它的扭矩、功率、油耗、排放、噪声等都是有区别的，也就是它所表现出的性能是不一样的。

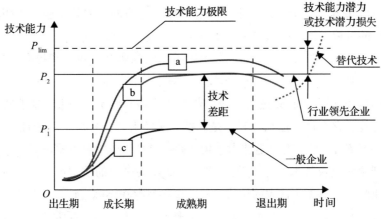

图 3-2　同一种技术在不同企业里表现的技术能力不同

在图 3-2 中，P_1 表示技术在一般企业的能力表现，对应曲线 c 的技术成熟期能力水平；P_2 表示技术在行业领先企业的能力表现，其中曲线 a 和 b 的成熟期技术能力明显高于曲线 c；P_{lim} 表示这种技术的能力极限。可以看出，对于同一技术，一般企业的技术能力与行业领先企业技术能力存在较大差距，当然这就是一般企业需要追赶和挑战的原因。尽管行业领先企业的技术能力表现出色，但相对于该技术的能力极限仍有差距，这同样为其提供了挑战的空间。另外，如果企业决定不再做提升其技术能力的挑战，那么它当前的技术能力水平与该技术的能力极限 P_{lim} 之差就是技术潜力损失。

值得一提的是，对于提高产品性能的目标而言，采用技术进化的策略（如图 3-1 所示）还是采用挖掘技术潜力的策略，哪一种对于企业更有利呢？这个问题是企业必须要考虑的，最终采取哪一种策略，取决于企业工程文化的倾向和针对某一项产品具体技术的事前准备情况。

对于一项产品技术而言，企业总是要做许多有关提高其技术性能的工作，在提高技术性能的努力中，会发现许多只有发挥执着、探索和不畏困难的挑战精神，才能探明的产品系统内部技术参数之间和制造系统内部参数之间的逻辑网络关系，诸如哪些参数对于提高产品性能有直接影响，哪些参数虽然对于提高产品性能有直接影响，但是也会引入必须需要消除的缺陷或隐患等。这个提高技术性能的挑战和努力的过程是企业技术团队能力增长的过程，这种能力对于开发产品的新技术具有重要意义。

图 3-3 表示产品技术性能或能力随着不断探索和改进持续提高的过程。在图 3-3 中，S_1 与 S_1' 属于同一种技术，只不过技术 S_1' 是在行业领先企业中性能的提高状况，而 S_1 是在一般企业中性能提升状况。一般企业要想追赶领先企业，存在两个途径：其一是深挖技术的潜力（例如将 S_1 的性能 P_1 提升至性能 P_2），其二就是走技术进化之路。从图 3-3 中可以看出，一般企业要达到领先企业技术性能 P_2 的水平，可能需要多次的技术进化，这对于一般企业而言是一项非常大的挑战，并且也必然存在不确定性。

由此可以得知，企业平时就要做挖掘产品技术潜力的探索和尝试，这是发挥企业挑战精神的最好机会。寓挑战于平时哪怕常规业务之中，以不断积累业绩与提升团队能力是企业通往强大的正确方向。

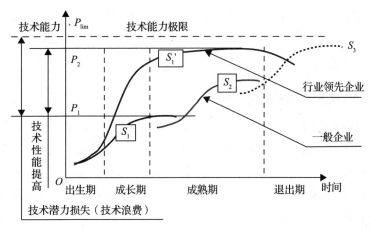

图 3-3 技术潜力挖掘策略与技术进化策略示意图

3. 关注竞争对手动向

企业挑战的第三个方面就是要战胜竞争对手。所谓竞争对手，是指在同一行业中与本企业实力相当或者略强一些的企业，它们常常会对本企业的经营与发展构成不可忽视的影响。

企业要战胜竞争对手可以从以下几个步骤入手。

第一步，要弄清楚竞争对手的具体竞争优势是什么。

第二步，要分析客户的关键需求要素（痛点）是什么。

第三步，要理清针对客户关键需求要素的企业优势资源是什么。

第四步，要应用企业优势资源开发针对满足客户关键需求的产品或服务。

需要注意的是，在第四步中开发的产品性能或者服务质量应比竞争对手更受客户欢迎。企业要做到这一点，前面介绍的技术创新理论与方法能够帮助企业获得新技术概念。另外，企业战胜竞争对手不应仅依靠新产品，还要从产品制造方面战胜竞争对手，也就是通过更合理的制造过程获得具有更高质量、更低成本和更准时的交货期的产品。

3.3 企业创新机会的识别与定位

企业生存与发展的目标涉及多个方面，例如为社会做更多的贡献，为客户创造更大的价值和提供更好的服务，为员工创造更大的幸福以及为股东带来更多的利润。为了达到这些目标，企业在运营过程中就需要抓住所有能使其发展的机会。

3.3.1 创新机会的识别

企业最大的增长机会莫过于满足客户需求和提升产品价值。只有围绕这个运营的核心问题展开各项业务，企业才能从真正意义上"创造客户"。

创新机会是指企业外部或内部发生的变化，这些变化会在未来对于企业的绩效产生影响。原则上，企业开展的各项业务为了取得更好的业绩都存在着创新机会，例如：

1）企业所在行业的发展速度变化（如加快或者减缓）时；
2）竞争对手的经营发生改变时；
3）本企业的战略或经营目标发生调整时；
4）国家针对行业进行法规调整或有新法规要求时。

当有上述情形发生时，企业就应该意识到创新机会的来临，并围绕下面的问题做出深刻思考：

1）如何向客户提供性价比更高的产品？
2）如何向客户提供更好的服务？
3）如何与供应商建立及时、准确和零库存的供货体制？
4）如何建立产品研发－产品制造－过程控制的有效体制，使产品的性价比在行业处于领先位置？

以上几方面都存在企业创新的机会，这些方面展开还会发现许多具体的子机会，包括重要的核心机会。

3.3.2 创新机会的定位

创新机会的定位是指在明确企业创新机会方向的基础上，企业依据战略需要对这些创新机会方向加以分析，确定出包含企业外部或内部对于企业有更大业绩提升效果的机会方面。创新机会的定位本质上是对机会方向的选择，有以下几种情形：

1）通过创新会明显提升绩效的情形；

2）突破旧的业务方法体制，创建新的业务方法体制且能够带来明显益处的情形；

3）根据企业战略要求能够快速实现预定目标的情形。

机会是指具有时效性的有利的情况。机会稍纵即逝，说明如果企业确定了该机会，就需要马上做出反应或立即行动，趁着出现的有利条件取得相应的成果进而达到目标。

例如，凭借石油危机，日本丰田汽车公司主推小型省油（小排量）轿车，靠铺天盖地的广告攻势和极优惠的价格赢得了美国市场，上百万辆汽车被抢购一空。日产、本田、五十铃等群起效仿，其中尤以本田最为来势凶猛。1970 年，本田在美国的销售量仅为 1300 辆，第一次石油危机之后，跃升到近 10 万辆。

在上面的案例中，丰田汽车公司就是抓住了石油危机使得油价严重上涨的机会，开发出了缓解高油价问题的小排量省油汽车，并形成了小型轿车的市场优势。

企业抓住了机会只是成功的第一步，抓住机会并不等于成功，还需要匹配相应的行动来将机会转化为现实，所谓行动，就是机会连接现实的各项业务。最后一步是将从机会到现实过程中获得的知识整理并纳入企业的知识库。从机会获取知识的过程如图 3-4 所示。

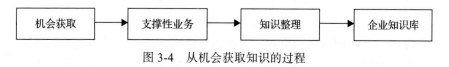

图 3-4　从机会获取知识的过程

3.4　企业创新对象

创新必须面向具体的对象而深入展开，创新的对象有包含企业外部市场因素的，也有包含企业内部业务因素的。企业外部市场因素主要包括开拓新市场和提高客户满意度。企业内部业务因素主要包括与提高产品和服务质量、降低产品制造成本等有关的各个事项。企业内部业务因素由许多业务构成，而这些业务也正是由企业外部市场因素映射而来。企业创新对象的因素如图 3-5 所示。

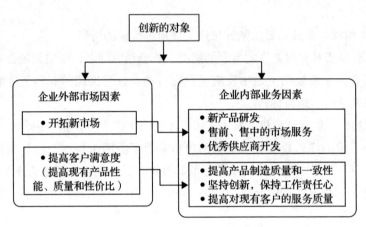

图 3-5　企业创新对象的因素

3.4.1　面向新市场的创新

面向新市场的创新需要企业对市场的需求变化保持长期的关注，也就是说时刻在做着开发新市场的准备。如果市场上某些产品不能满足客户需求，而随着企业的发展与知识的积累，企业已掌握能够开发满足这种客户需求的新技术，那么企业便可以在综合评估的基础上考虑对于这类新市场的开发，这时企业确保成功的前提是能够持续为客户创造更大的价值。

企业面向新市场的创新的另一种方式是通过对当前在用技术进行"退级"应用，进而创造新的市场。一般地，当企业的产品技术进入成熟期后期或退出期时，这个产品的技术将会被更有前途的新技术所替代，而处在退出期的技术通常会被淘汰。对于企业来说，从资源的视角来看，处在退出期的技术的性能具有成熟和稳定的特性，能否将其应用于低端市场就是一种考虑，在这里也可以称为技术的"退级"应用。这时，企业应寻找非消费者的客户群，这类客户群对于某类产品的功能有需求，但是市场上这类产品的价格却远超出了他们的承受能力。此时，企业可以应用已处在退出期的产品技术来开发专门用于满足非消费者的客户群。这种情况属于对已有技术的拓展应用，当然也属于新市场的创新。

3.4.2 面向客户的创新

3.4.2.1 面向外部客户的创新

面向外部客户的创新需要企业在业务中找到与客户有关联的业务部分，也就是说，企业的哪些业务是为客户创造价值的，则可以将这部分业务区分出来。在这个问题上，企业应非常清楚是哪些业务，以及这些业务对于达到目标而言状况如何。

一般地说，与创造客户价值有关联的业务包括：产品外观、产品性能、安全性、耐久性、售价、服务和沟通渠道。这些都与客户息息相关，其中不管哪一方面没能使客户满意，哪一方面被竞争对手所超越，都将形成企业竞争的劣势。对于劣势方面，企业应该在第一时间予以解决，当然解决这些问题更加提倡对这些业务进行创新，以求从根本上解决原有的问题。

3.4.2.2 面向内部客户的创新

内部客户是指企业所有人员。因为所有业务的下游都是上游业务的客户，所以按照这个观点几乎所有的人员都是客户。企业的内部业务从达成目标上可分为安全、质量、效率、成本、人才培养等方面。如果上述某一方面或者各项业务的网状结构中某个点或某个区域存在问题，那么企业应该从根本上进行解决，为了培养创新型人才全面提倡业务创新，以获得长效且更好的改进成果。

3.5 企业技术创新成果转让

企业进行技术创新最主要的成果就是新技术或新工艺，而在企业之间也经常发生有关技术成果的交流或转让。国家标准《技术转移服务规范》对技术转让的定义为"将技术成果的相关权力让与他人或许可他人实施使用的行为"。

在 20 世纪 70 年代至 21 世纪初，我国一些企业为了提高市场的竞争力，常采用引进或转让技术的策略，然后再对外来技术进行消化和吸收。

技术转让按照转让方式可分为有偿转让和无偿转让，按照转让范围可分为国际转让和国内转让。

如今，技术转让行为仍时有发生，这对于企业短时间获取所需技术仍不失为一种快捷途径。

当企业对于新技术需要进行转让时，技术转让双方需要签订正式的技术转让合同，通过专利权转让合同取得专利权的当事人，即成为新的合法专利权人。技术转让通常有四种基本类型。

（1）专利权转让

专利权转让是指专利人作为让与方，将其发明创造专利的所有权或持有权移交给受让方的技术转让形式。

（2）专利申请权转让

专利申请权转让是指让与方将其特定的发明创造申请专利的权利移交给受让方的技术转让形式。

（3）专利实施许可

专利实施许可是指专利权人或者授权人作为让与方，许可受让方在约定的范围内实施专利的技术转让形式。

（4）非专利技术转让

非专利技术（技术秘密）转让是指让与方将其拥有的非专利技术成果提供给受让方，明确相互之间非专利技术成果的使用权、转让权的技术转让形式[2]。

技术转让以有偿或无偿的形式通过受让而使企业得到所需要的技术，这对于受让方企业而言相当于免除了自己开发新技术的过程，达到了省时、省力的效果。但从另一方面讲，产品技术的开发过程也是对企业创新人才的培养过程。因此，可以说技术转让受让方的企业是有不少损失的，当然这里的损失并非指有偿转让的费用，而是指对新技术开发过程本身的缺失所导致的对于创新人才培养的损失。前面已经介绍，技术的开发过程就是寻找和应用适宜的"现象"，通过形成的产品结构来支配和控制"现象"并实现技术目标，同时也形成了自己的专有技术，更重要的是，企业通过这些环节培养了技术骨干和人才。

3.6 业务标准化与创新

所谓创新,是指采用与以往不同的方法,充分应用现有的可用资源,创造出具有某种新价值的新事物,它弥补了原有事物的不足,且该新事物取得了商业上的成功。

3.6.1 业务增长是创新的基础

创新首先需要有创意,该创意所面向的对象可能是提高了客户需求,也可能是客户新的需求。无论是哪一种情况,都意味着要由此衍生出企业新的业务,因此也必然会衍生出企业创新的机会。企业的有效创新会增加客户的满意度,反过来又会增加对企业产品或服务的需求。客户需求的变化是永无终止的,如果企业保持持续创新,那么企业的业务也将会源源不断地产生,这就是企业与客户的良性供需互动关系。

3.6.1.1 业务的变化属性

企业所开展的业务来源于企业战略,也来源于市场的变化,它们共同的特点就是这些业务都不是固定不变的,也就是都具有变化的属性。企业业务具有变化的属性最根本的原因在于客户的需求是变化的,竞争对手是变化的,企业的战略也是变化的,这样就决定了支撑这些变化的企业业务也必然是变化的。

业务具有变化的属性的另一方面原因是企业的主动改进和创新。为了使企业更高效、更低成本和更具竞争力地完成这些变化的业务,企业就需要找出影响业绩进一步提高的最大瓶颈环节,分析并消除其根本原因,然后改进业务方法并在更高的层次上开展业务,这也就体现出了业务的变化属性。之后,这项工作并未停止,最大瓶颈环节解决后再寻找第二大瓶颈环节,以此类推,这样的工作模式是永远不会停歇的。

3.6.1.2 应对挑战型业务的策略

无论是为了完成常规业务,还是具有挑战性的新业务,企业都需要业务担当者具有充分的技能。然而,有时企业无法做到预知所有突发业务的到来,这也就意味着企业不可能事先对于任何未来业务当其突然到来时都已做好了准备，包括相应技能的准备。但是，在此情形下，企业仍需要储备一套策略来应对突如其来且未充分准备的业务。

在图 3-6 中，右侧虚线框部分的内容表示当企业技能不具备解决突如其来的挑战型业务时的应对策略（或称为规则），也就是说，虚线框内的 5 个步骤形成了针对突发式挑战型业务的定制化算法。

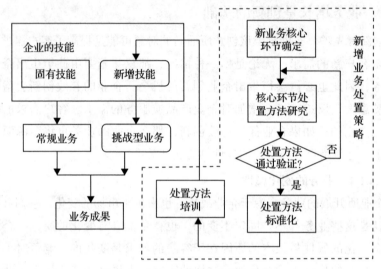

图 3-6　企业应对挑战型业务的策略

3.6.2　业务标准化是创新的前提

企业业务的标准化到底有多重要，可能不同水平的企业做出的回答是不一样的。有的企业可能认为业务的标准化是可有可无的，而有的企业则认为如果业务没有标准化，那么其业务就会反复失败，或者处于无法顺利开展的状态！其实，管理水平不同的企业，对于业务标准化的理解和要求是不同的。

3.6.2.1　业务标准化的作用

所谓业务标准化，就是指将业务整体按照其内部逻辑首先分割成若干组成部分，然后再将每一部分按照其操作步骤、步骤次序、每一步骤的应达标准、每一步骤的应用时间等都一一加以规定，从而形成业务整体各个部分的操作标准。凡是达到了这种状态的业务就可以称为标准化的业务。企业按照规定的标准开展业务往往会使业务得到期望的结果。

业务标准化是使业务进入规范化管理的基础。企业实施业务标准化能带来如下好处。

1. 稳定开展业务的效率

由于组成整体业务的各个环节都已进行了标准化，即业务每个组成环节的完成时间都有明确的规定，且其时间单位经常以秒计算（例如，许多机加工工序内的操作时间单位以秒计），因此组成业务的各个环节的时间之和（串行工作模式 $\sum t = t_1+t_2+t_3+\cdots+t_n$）基本为定值，也就是所开展业务的效率可以稳定在某一数值左右。标准化业务的结构模型如图 3-7 所示。

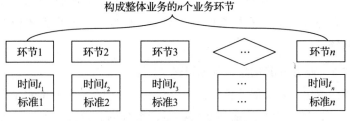

图 3-7　标准化业务的结构模型

如果某一业务环节不能稳定地保证作业时间，那么就需要对这个业务环节进行原因分析并对业务担当者实施再培训，直到他已掌握这个业务环节的操作技能为止。

2. 稳定开展业务的质量

业务标准化中的标准都是由针对此类操作内容已经验证的成熟且合理的做法组成的。因此，业务标准化相当于将组成业务的各个组成环节都按照已验证的操作方法实施，这在很大程度上减少了过程变异，并对保证开展业务的质量具有很大作用。

3. 稳定开展业务过程的安全性

事故总是隐藏在不合理的过程中，业务过程的非一致性常常伴随着灾害的产生。企业应该采用经过评估的操作方法，按照要求的标准一致性地完成业务，完成再多的次数也是安全的。而非一致性的业务常会隐藏未被评估的内容，而灾害的原因也许就隐藏其中，所以采用业务标准化会保证开展业务过程的安全性。

4. 易于培养人才

业务标准化的工作模式以及应用这种模式下的业务标准化本身，都是培养人才的结果。企业培养人才从来都是各项业务中重要的事项之一。为了高效培养人才，培养过程应强调以下特点。

第一，企业要强调从课堂学习到现场实践的课堂–实践两段式培养模式，这样做的目的是快速将所学知识通过实操转化为技能，以达到培养人才的目的。

第二，以业务标准化作为培养人才的平台是一个高水平的平台，在这种平台上，学员可以学到与标准化有关的许多知识，这有助于他们快速理解开展业务的本质、规律和内在联系。其中，标准化是贯穿人才培养过程的纲要和精髓。

3.6.2.2 业务标准化与企业知识库

业务标准化是将开展业务的方法、标准、时间和人的技能水平等要素组合应用，并通过过程结果来判断这些要素组合的有效性。如果结果未达要求，则调整要素或要素间的关系直到结果达到要求。这时，一组成功的"知识组"被记录下来并进入企业的知识库。企业的知识库储备着方方面面的"成功知识"，一旦企业开拓新业务，那么这些接近的"成功知识"就可以立即投入调试和使用。

这里需要注意一个现象，那就是前面提到的有的企业不想开拓只想维持，也就是只想保持现状。这里的业务标准化与维持两者有什么关联呢？此处一定要给予清晰的辨识：维持是想保持现状，是衰亡的前奏；而业务标准化是业务改进的平台，是企业腾飞的基础。

3.6.3 业务标准化与持续创新

企业的业务既要求标准化又要求持续创新，这里有矛盾吗？有人说有矛盾，这是由于业务标准化强调业务的一致性，即不能因任何松懈或变化而导致不一致，而业务的持续改进与创新则强调要经常打破业务标准与提高业务标准的水平。因此，业务标准化与创新这两者之间乍看起来是存在矛盾的，对于这一点，必须理解标准化与创新的关系。

3.6.3.1 业务标准化与创新的关系

事实上，业务标准化与创新之间在本质上并无矛盾，而且是互为基础、彼此促进和相得益彰的关系，也就是标准化是在不断创新基础上的标准化，而创新是在不断标准化基础上的创新，如图 3-8 所示。相比之下，一味维持的做法，其业务能力和业绩将会随时间逐步下降。

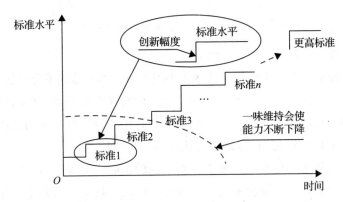

图 3-8　业务标准化与创新的关系

3.6.3.2 业务创新的时机

通常情况下，企业对于业务的改进和创新是可以随时进行的。这就是所谓的将创新常态化的一种体现。但是，企业在面临至少以下三种情况时，就意味着创新时机的到来。

1. 业务已达到"最佳状态"时

这里所谓业务达到的"最佳状态"，是指企业进行的自我评价。这个评价包含两方面含义：一方面是业务的业绩持续增长，但近一段时间来增长已经趋缓或停滞（如图 3-9 所示），这时创新的理由是，如果不打破当前的工作模式，那么更高水平的业绩就难以获得；另一方面是当业务的业绩被竞争对手追赶而先期优势缩小时，就需要改进现有的工作模式。

在图 3-9 中，P_{max1} 表示业务模式 S_1 在整个生命周期内所能达到的业绩极限，如果企业要想继续提升业务的业绩水平，那么就必须对业务模式 S_1

进行创新,也就是需要用新的和更高效的业务模式 S_2 来替代原有的业务模式 S_1,以保持企业在市场上的领先地位。

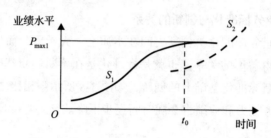

图 3-9　提高业绩的业务模式更替示意图

2. 配置资源的能力已达到极限时

当开展业务所依靠的资源达到能力极限时,其业绩则不会再继续提高。这时的创新有两个方向:一个方向是通过创新提高起约束作用的资源的能力,例如要提高生产线的产能,但是受到其中瓶颈工序节拍的限制,此时的主要创新目标就是如何缩短该工序的节拍时间;另一个方向是提高现有资源的应用效率,这本质上属于管理创新的范畴。例如,同一生产线通过排除七大浪费,其产能会有明显的提升,如图 3-10 所示(其中,深色区域表示浪费占比)。生产资源的浪费是指为生产过程所配置资源未能充分地应用,而导致生产过程的产出低于应有产出的现象,因而需要通过改进生产过程以消除其中的浪费,并以此不断提高生产现场的资源应用能力和水平。图 3-10a 表示改进前生产线浪费资源的情况,图 3-10b 表示改进后生产线浪费资源的情况。

图 3-10　生产线排除七大浪费前后的资源利用效果对比

3. 创新活动已达到某一时间间隔时

企业的创新活动或者行为应该是连续性的,至少从创新活动的安排上是主张连续性而非时有时无断续性的。创新工作相比常规工作而言是艰苦的，因此这需要一种体制始终鼓励现场员工愿意投入到持续的创新活动之中。另外，只有创新过程本身才能发现进一步创新的头绪和价值所在，这就是所谓的"创新的基础源于创新"。如果一个人从事过一段时间的创新工作，甚至也取得过客观的成就，但是在停止一段时间后想再次投入到创新工作里面来，当初在创新过程中发现的可进一步创新的思路都已被时间间隔所阻断，也就是创新的思路难以连接起来了，这是创新者的重大损失。因此，为了强化企业的创新能力，企业提倡连续创新无疑是正确的选择，而不是忙时搁浅闲时捡起的断续状态。

实际上，企业也没有必要机械地规定在某一时期通过集体号召搞创新，这势必让人感到创新工作与其他工作产生冲突，这种做法的最终结果会使创新工作流于形式。

企业应营造使员工主动和自愿地进行创新的环境和氛围，这需要一套有效的关于创新管理的方法。例如，将创新活动融入业务目标，让他们感受到开展创新活动对于完成具有挑战性的业务目标所起到的巨大作用，这是重要的策略之一。

3.6.3.3 对"异常"事物的理解与处置

企业在运营过程中常会遇到许多不同情况的事物，例如一小时处理若干次的事物、一周处理一次的事物、一年处理一次的事物、几年处理一次的事物等。

1）一小时处理若干次的事物，例如冰箱组装线，组装线产出多少台冰箱按分钟计；

2）一周处理一次的事物，例如每周例会、设备周点检等；

3）一年处理一次的事物，例如人事部门的人员考核与评价、管理评审等；

4）几年处理一次的事物，例如厂区扩建、新产品方案论证会等。

一般地说，越是高频度处置的事物，企业越有能力将它处理好，并且使其一直处在改进中；而越是低频度处置的事物，企业处置它的能力就会越弱。

还有一种情况，也是企业需要特别注意的，就是从来没有处理过的事物当其到来的时候，是企业最容易失误的时候。没有处理过的事物对于企业而言属于新事物，新事物到来，就意味着没有处理它的要领和成熟的经验，这里将这种新事物的到来称作"异常"事物的出现。

"异常"事物的出现最考验企业的应变能力，企业需要快速制定一个处置它的临时要领，这个临时要领的形成以往成熟的经验将发挥较大的作用，而且在形成处置它的临时要领时可以是跨部门的。

一旦"异常"的事物处置完成后，企业就要总结得失，然后修订当时的临时要领使它成为正式要领（业务标准）并存档，而且要按照其性质将其归属到相应的责任部门。这时，当初的"异常"事物便成为"定常"事物，并成为归属责任部门业务的一部分。

企业发展的过程也可以说是管理"异常"事物的过程。企业不应该轻视因处置"异常"事物不当而导致的损失，这种损失屡次发生比高频度处置事物失误发生的损失要大得多。

当"异常"事物来临时，企业可以采用与现有方法不同的新方法来对应，因为正是没有现成的要领和方案可供使用，所以可以激发业务担当者进行创新的激情。当然，在这种情况下，对创新方案进行评估是不可缺省的。

参考文献

[1] 鑫椤资讯. 丰田氢燃料汽车发展历史以及专利综述 [EB/OL]. (2019-06-01)[2023-02-26]. https://www.sohu.com/a/317975274_607810.

[2] 搜狐. 技术转让包括哪些类型 [EB/OL]. (2017-06-08)[2023-02-26]. https://www.sohu.com/a/147142966_434204?t=1528867657120.

Chapter4 | 第 4 章

企业创新人才要求与培养目标

4.1 创新人才要求

随着时代的发展，企业的竞争优势的持续时间越来越短。处于创新前端的企业，要想在未来的竞争中取得优势，就必须保持持续不断的创新。

4.1.1 创新人才的素养要求

企业的发展通常伴随着业务的增长，业务的增长包含两个方面。第一个方面就是业务量（或业务范围）的增长。业务量的增长与客户数量增加有关，也就是说，有越来越多的客户认为企业的产品和服务能够满足他们的需求，这是对企业业务的肯定。第二个方面就是业务水平的提高。业务水平的提高是业务发展的特征之一，这对于更好地完成企业的战略目标具有重要作用。

值得注意的是，企业业务量的增长与企业业务水平的提高在企业发展过程中是密切关联的。如果企业不注重业务水平的提高，所配置的资源都倾斜于业务量的增长，那么业务的失败风险会因缺乏高水平的业务方法的支撑而大幅提升。换句话说，业务水平的提高对于确保不断增长的业务量的成功具有重要的保障作用。

从业务实质的内涵来看，业务水平是以开展业务的能力和所完成业务的质量来评估的，低水平的业务会给企业增加失败的风险，如果业务水平提高，那么即使业务量增大了，业务失败的风险也会受到控制。

企业业务量的增加和业务水平的提升是企业发展的核心内容，该核心内容以及伴随的相关业务都需要相应的人才来支撑，这些人才支撑着企业当前的发展，也支撑着企业未来的发展。

4.1.1.1 创新人才的专业素养

创新理论、创新思维和创新技法对于创新人才形成专业素养是非常重要的。

专业素养是创新人才具有的标志性内涵。企业开展任何业务最终都是基于专业知识和专业技能的，创新理论、创新思维和创新技法所产生的创新知识与专业知识在解决产品、工艺问题时所发挥着显著创新作用，企业在进行创新人才培养时要给予充分重视。例如，一字形生产线与U形生产线，表面上只是生产线的布局不同，实则是应用资源的方式不同，U形生产线相对于一字形生产线改变了"人""机""物"的空间位置，大大减少了无作业时间，所起的作用是非常明显的，具有很大的创新性。

在创新性地解决工程问题时，仅有工程和专业知识是不够的，很容易使人陷入思维惯性，形成思维定式（如书本定式、经验定式和从众定式等）。由思维定式产生的工程方案不可能产生创新性突破。若仅有创新知识也是不够的。因为解决工程问题最终还得使用工程知识。例如，如何提高家电的能效？如何减少汽车的能耗？这些问题最终还是需要工程专业知识来解决。因此，要想创新性地解决工程问题，创新知识和工程知识必须同时使用，创新知识会指导如何发现和创新性地应用现有资源，它将根据工程问题的性质整合工程知识，使创新知识与工程知识融合起来，形成创新－工程知识体，从而真正创新性解决工程问题，如图4-1所示。

在图4-1中，知识层是指企业的创新人才（大多属于企业的工程技术人员和现场高技能人员）首先要具备深厚的工程知识基础，同时也要具备深厚的创新知识素养，这是创新人才需要具备的基本条件；工具层是指针对要解决的工程问题所需要的工程知识和创新知识进行融合形成定制化的工具，以期以更少的代价获得更大的利益，其中创新知识决定如何发挥工程知识的作用；作用层是指应用工具层输出的由工程知识和创新知识整合而成的新知识体，即创新－工程知识体来解决实际工程问题。例如，U形生产线改变的就是"人""机""物"的空间位置，这属于工程知识范畴，而创新知识体现在如何让现有的"人""机""物"通过怎样的改变发挥更大作用的思维方法。在本例中，创新知识体现的就是通过改变"人""机""物"的空间位置使人的非作业空走时间缩短。

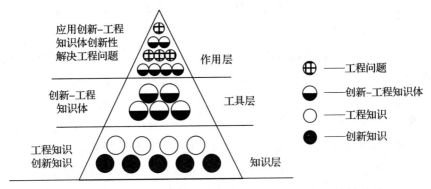

图 4-1　创新知识与工程知识融合形成创新－工程知识体的过程

4.1.1.2　创新人才的探索精神

工程技术人才是以深厚的工程知识、技术和经验为特征的，工程技术人才要成长为创新人才还需要具备另一个代表性的特征——探索精神。探索就是研究未知事物的行为，就是发掘从未知通向已知的过程，目的是探寻哪些事物及事物中哪些因素与达成企业目标有关，事物之间需要建立什么样的关系，以及影响实现企业目标成本的重要环节，还需要进一步探索的就是解决上述问题的具体方案。

创新源于探索，进一步的创新源于进一步的探索。探索是创新的前提，是创新机会的提供者。

1. 应将探索作为一种常态

优秀的创新人才应该将探索和创新作为一种常态来推进企业的业务，也就是说将探索和创新作为日常业务融入每一天及每一项的工作中。创新人才只有不断探索和创新，其创新能力才会不断提高；而保守和故步自封的人员，其创新能力不仅难以提升，通常还会不断减退，如图 4-2 所示。

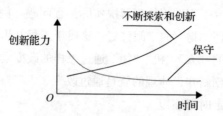

图 4-2　不断探索和创新与保守对于创新能力的影响

2. 应不断探索"成功技术组合"

世界上的各个行业都有优秀企业，而优秀企业之所以优秀，是因为它们的市场份额、市场潜力、企业发展速度、创新能力都有出色表现。

例如日本丰田汽车公司，它比美国的老牌汽车企业晚近 40 年，之后丰田汽车公司通过拓展市场份额、挖掘市场潜力和持续创新不断提升整体业务水平，加速了企业发展速度其盈利能力更是在汽车制造领域首屈一指。

成功的企业具有优秀业绩的高效率、很少的失败成本以及持续不断的探索和进取，并且在支撑企业的产品或服务的各项业务中广泛且充分应用了"成功技术组合"。

这里的"成功技术组合"也可以称为"成功参数组合"，是指为了取得业务成功，配置生产资源要素（也称制造条件）所采用的一组正确的技术或者参数的组合。对于现场生产而言，这些正确的参数就是 5M1E 各因素所持有的正确参数。"成功技术组合"意味着如果企业要实现业务的成功，那么 5M1E 须具有的最低标准参数（就是组合参数的下限）。如果企业要提高运营绩效，那么探索和创新的对象就是已经取得成功的现有 5M1E 各自的参数和参数组合。企业的业务、业务环节本来就具有动态的属性，企业为了在市场竞争中赢得主动，其业务必须具有动态的属性，这自然也使探索和创新"成功技术组合"这项工作具有长久性和深入性。企业业绩与"成功技术组合"等级的关系如图 4-3 所示。

在图 4-3 中，企业所有业务的"成功技术组合"在取得阶段性成功之后，应将对应的这一组"成功技术组合"进行模块化（这个模块本质上也是企业创造的知识模块），然后对这个模块建档保存。模块里的内容至少包括所涉及组合的技术、达到的业绩、适用的环境条件,以及潜在的在未来进一步改进的方向等。

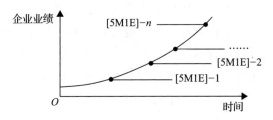

图 4-3　企业业绩与"成功技术组合"等级的关系

4.1.1.3　创新人才的敬业精神

敬业是一个人对于自己所从事的工作负责任的态度。敬业是一种品德,也是一种精神,其品德的含义体现在个人按照超过企业倡导和要求的行为准则来行动,是道德规范内化所呈现的一种状态;其精神的含义体现在为达到目标而倾尽所能的实际行动上。

创新需要执着,需要不断地挑战,这本身就是敬业的体现,创新与敬业在很大程度上有共同的特征。缺少敬业精神的人将很难实现创新。

4.1.2　创新人才的专业知识和技能要求

创新人才要完成创新需要较高的专业知识和技能,只有创新的决心和精神是很难实现的。

4.1.2.1　深厚的专业知识

专业知识从生产实践过程中习得,这与个人获得的学历没有直接关系,学历反映的是受教育的程度,而企业需要的是面向生产现场制造条件的工程知识和技术。

这里再说明一下掌握专业知识的深厚程度,深厚程度没有量化的标准,但是可以使用定性的原则加以理解,就是至少胜任所在岗位的职责要求,进一步说,就是应能解决工作岗位发生的几乎所有的问题。

4.1.2.2　熟悉与本专业交叉的专业知识

企业所涉及的专业知识和工程技术远比学校的某个工程专业包含的技术

要宽泛和深入,因而工程师在工作过程中必须注重相近专业知识和技术的学习,有助于工程师原有专业技术水平的提高,会增加他们对于本专业技术的理解。例如原本专业是机械加工工艺,那么对于应用此工艺的每一台设备的结构、精度、工作原理等知识也需要掌握,因为设备的状态直接影响到工艺的执行状况。再例如,机械加工工艺是某个工程师的专业,但是在这个生产线或工序上也需要机电控制技术和管理技术,后者也是工程师要掌握的知识,而且它们具有同等的重要性。

4.1.3 创新人才的规模要求

企业是业务的集合体,开展业务并取得竞争优势需要大量的创新人才。对于企业而言,创新能力与支撑其的创新人才规模或数量有关,当然,也与创新人才个体的创新能力有关。企业创新人才只有达到了规模,才能具备"内生"创新的条件。例如,当创新人才的数量达到了规模,就可形成创新人才的内生培养路径,如图4-4所示。

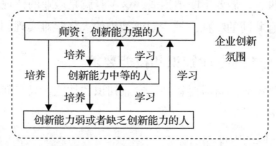

图 4-4 企业创新人才内生培养路径

4.1.3.1 营造企业创新氛围

企业的业务种类和性质都不尽相同,例如市场业务、采购业务、仓储和物流业务、产品生产与制造业务、人才培养业务以及面向各种业务的管理业务等。这些业务与企业的经营业绩息息相关,创新氛围是一种能量场,能够加强创新精神和鼓舞士气,从而提升企业的运营水平和业绩,最终促进业务的创新和发展。

创新氛围方面由企业管理层营造,一方面由开展各项业务的团队营造。

在开展业务的团队里,掌握创新知识和具有创新技能的人才的数量所占比例是非常重要的。创新氛围应该至少让一个不掌握创新知识的人,很容易就能听闻或者看到他人正在创新并取得不同凡响的成果,从而使其受到影响并愿意投入创新行列里来。

4.1.3.2 业务创新需求

企业需要从业务创新需求去考虑创新人才的规模。这些需求包括宏观层面的业务创新需求和微观层面的业务创新需求。

宏观层面的业务创新需求是指企业全体业务开展创新活动所需要的创新人才数量,也就是以年度为单位依据企业创新发展的战略规划,未来在全体业务的多大比例上应用创新知识开展业务,并根据计划的创新业务比例来确定所需要的创新人才规模,如图4-5所示。

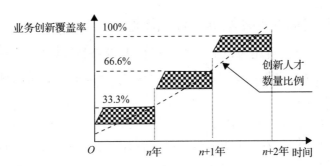

图4-5 业务创新计划与所需创新人才规模的关系(以产品组装线为例)

微观层面的业务创新需求是指企业的某一项业务应该如何配置创新人才以覆盖该项业务的创新,并能够按照创新计划推进该项业务。图4-6表明了以独立业务为单位至少配备的创新人才数量的情形,即首先在业务相对重要的环节配置创新人才,而处在业务普通环节上的一般人员将依靠重要环节上的创新人才的创新影响力和创新带动作用进行创新,要做到这一点的基本原则是配置业务重要环节上的创新人才时,使未掌握创新知识的一般人员能够显著受到创新的影响力和带动作用。

在开展业务工作创新的初期,若创新人才数量不足,企业可以采用这种方法来保证创新工作的推进。

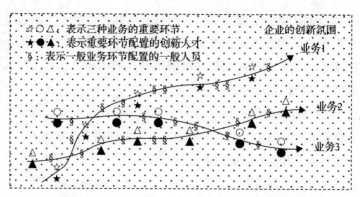

图 4-6　业务的重要环节与创新人才的匹配关系

4.2　创新人才培养目标

4.2.1　设定创新人才培养目标的依据

创新人才的培养是为企业战略服务的，因此培养创新人才应在评估企业战略需求的基础上拟定创新人才的能力目标、成长目标以及应对竞争环境变化的目标。

4.2.1.1　创新人才的能力

创新人才应拥有两个方面的知识与能力：一方面就是扎实的专业知识与专业能力，另一方面就是丰富的创新知识与创新能力。专业知识与能力侧重完成岗位责任的基本任务要求；创新知识与能力侧重能够活用现有的专业知识与能力，旨在突破现有业务方法并创新性地解决遇到的各种问题，使得工作任务取得更好的业绩。

不同的业务岗位要求业务人员拥有不同的能力，但是业务人员拥有的能力与岗位需要的能力应保持相互匹配，这是应用人才资源的基本原则。

从人－岗能力匹配的角度看，企业的努力方向是：岗位条件（如设备条件）要向对于人员的能力需求越来越低的方向改善。这样有助于使更多的人员能够胜任岗位的能力要求。反之，人的能力培养应向能够胜任难度更高的岗位而努力，这样做的好处是易于找到 5M1E 各参数之间的"成功参数组合"，提高达成目标的成功率。

将岗位条件向能力需求越来越低的方向改善对于企业的现场改进而言是具有挑战性的,它需要对 5M1E 进行全方面改进,但是这是企业要选择的正确的改进方向。其理由是,如果岗位对于人员的能力要求越高,就意味着能够胜任的人越少,人工成本越高,工作的失败率也会越高,就会引发一系列其他事情。企业现场某一方面制造条件,应朝着降低对其他条件的要求的方向改进,这是基本原则。

4.2.1.2 创新人才的培养过程

创新人才的培养并非一朝一夕可以完成的事情,它是一个相对漫长的过程,而且人才培养本质上属于对人的潜在能力的开发,具有不确定性。因此,创新人才培养工作总体上最好在日常业务过程中来完成,这一方面是由于创新人才培养周期较漫长,另一方面也是由于创新人才培养需要随时在实际工作中应用所学创新知识并将其转化为创新技能。创新人才从低等级向高等级的培养过程如图 4-7 所示,这是同时进行多个等级创新人才培养的方案,是一种有效率的方法。

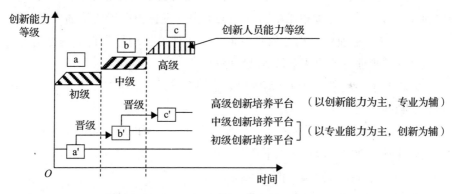

图 4-7 创新人才从低等级向高等级的培养过程

注:a、b、c 为创新能力等级,c 为高级;a'、b'、c' 为具有相应创新能力等级的人员。

4.2.2 创新人才培养目标的重点

企业的创新人才培养上应制定科学和周密的计划,否则就会出现培养程度不足(创新能力低)、创新人才的能力没有覆盖企业的全部业务,以及缺少应变能力等问题。

4.2.2.1 注重专业技术方面的培养

对创新人才在专业技术方面的培养应给予足够的重视，创新人才不仅要掌握业务关键环节的技术（包括原理和实操），还要掌握该关键环节典型故障的排查、分析和处置，并能提出改进的方案。

4.2.2.2 注重创新理论与方法的培养

创新人才学习创新理论与方法也是创新人才成长的关键，创新理论与方法就是他们在创新过程中少走弯路和避免试错（试错意味着贻误市场机会），创新理论与方法会引导人的思维结合问题的具体情形构造出新方案的想法。创新理论与方法（例如发明问题解决理论）就是一个能帮助创新人才构造创新方案的系统化创新理论。

另外，还要将工程知识与创新知识综合应用，如果两者不能充分和有效地综合，就不会获得远超单独应用任何一方所能取得的效果。

4.2.2.3 注重管理方面的培养

管理是指企业管理者为了实现组织目标而对员工实施的计划、组织、协调和控制等活动。管理追求的目标是最大限度发挥出配置资源的作用。管理总是与它的管理对象相互依存。企业无法评价管理行为自身的好与差，必须借助被管理对象的状态和结果来评判。

创新人才在管理方面应能清晰地表达创新成果、后续的改进计划、创新过程遇到的问题以及可能的解决方法。

管理的对象表面上是人和物，实质上是问题，所以从事创新管理的人才在实施业务管理时，应遵循以下两个原则：

1）最大程度地将问题消除于萌芽；

2）对已经产生的问题，最大限度地将使其难以遁形。

从企业管理的理念和技术来说，管理的对象是永远存在的，也就是被管理对象永远是存在问题的，只不过是浅层的问题还是深层的问题，如图4-8所示。

从图4-8可看出管理深度越深，企业获得的管理业绩就越好，因为一项深层次问题作为浅层次问题的原因，经常会导致多项浅层次问题，所以消除深层次问题对于提高管理行为的效果和效率具有重要作用。

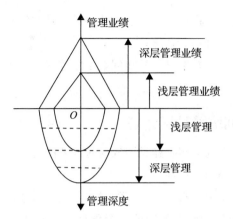

图 4-8　管理深度与管理业绩的关系

4.3　创新人才培养目标的计划

4.3.1　打破惯性思维

常有人提到阻碍人们学习与进步的不是未知的知识，而是已知的知识。已知的知识和经验一般都来从事过的业务，如果业务不发生改变，那么已经掌握的知识和经验可以重复应用。虽然知识与经验的再次使用对于业绩的提升不会有明显的改观，但是也不会有较大失败的风险。

企业培养创新人才的宗旨就是要打造强大的创新力量，以战胜竞争对手，获得更大的生存空间。因此，企业必须通过培养创新人才来构筑雄厚的实力基础。在这样的背景下，企业要在已有知识和经验基础上，打破惯性思维，应用创新思维来提升业务水平，如图 4-9 所示。

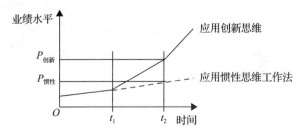

图 4-9　创新人才应用创新思维与应用惯性思维对业绩水平的影响

坚持应用创新思维将使工作重心持续转变到维护已取得的业绩、继续探索创新机会以及继续开拓新业绩。

创新持续性来自创新本身，是在创新不断探索的过程中会发现能够达到目标的最优路径。

4.3.2 制定长期培养目标计划

创新人才培养规划应与企业发展战略对人才的需求相一致，也要与企业发展阶段对人才的需求相适应。

在企业发展过程中，有三类典型的时间周期与人才培养有关，即企业生命周期、业务生命周期和人的职业生命周期。企业从初创到退出可分为四个阶段，即初创期、成长期、成熟期和衰退期，如图 4-10 所示。

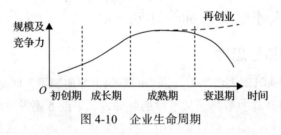

图 4-10　企业生命周期

在初创期时，企业最需要的是技术型人才，企业期望以尽可能快的速度研发和制造出受市场欢迎且有潜力的产品。所以，这阶段人才培养的重心应着重放在与产品研发和产品制造有关的技术素养的提高上。

在成长期时，企业商业模式和核心产品已基本完善，产品已被市场接受并快速增长，但竞争者开始介入。这时，对于人才的要求有两个方向：其一是在面向全部业务的专业技术和创新能力上继续提高水平；其二是提升管理创新能力，以使企业尽快进入成熟期。随着企业的发展，其业务规模也越来越大，这时就需要发挥管理的作用，使企业为各项业务所配置的资源能够发挥更大的作用和更高的效率。

进入成熟期后，企业各个方面的业务运营大都步入正轨，产品的性能、产量及销售均已达到较高水平，在行业中，与各竞争者相互争夺市场份额。这时候对于人才的要求主要是两种类型的人才，其一是技术型创新人才，此时的技术型创新人才应具备研发替代现有已经进入成熟期产品技术或者改进现有产品的技术，使产品具有使客户更加愉悦的性价比以及更高的可靠性。其二是管理型创新人才，目的是通过提高管理的有效性，使企业发展过程中的与运营有关的各个企业内部要素之间以及企业与外部环境之间具有高度的协调性，如图 4-11 所示。

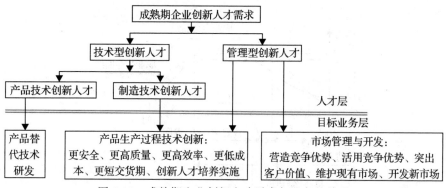

图 4-11　成熟期企业创新人才需求与业务的关系

人的职业生命周期一般为 40 年左右，人的知识、技能和能力随着工作经历的延伸而增加和提高，到了一定的年龄就要退出工作岗位。因此，人的职业也是有生命周期的，如图 4-12 所示。

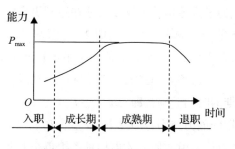

图 4-12　人的职业生命周期

在人的职业生命周期内，当其知识、经验相对于他所担当的业务足够丰富时，这就意味着他的能力已经进入成熟期且其能力呈现稳定和巅峰状态。当然，对于同一个人，从入职开始，企业如何对其进行培养，他的能力水平状态是有较大差别的。

企业人才培养必须要研究的课题有两个方面：其一就是如何使新入职员工的能力以尽可能短的时间进入成熟期；其二就是对于新入职员工以怎样的培养模式使他们的能力以更高的水平进入成熟期。当然，企业人才培养的目标应该是在员工入职后，以更短的时间使其能力达到更高的水平。高效培养模式与普通培养模式效果对比如图 4-13 所示。

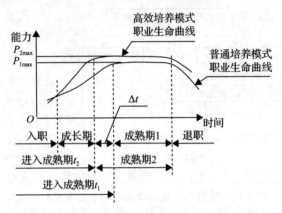

图 4-13 高效培养模式与普通培养模式效果对比

从图 4-13 可知，企业对于人才培养工作最重要的就是筹划在员工入职后的成长期内，面向企业的战略目标应制定怎样的培养策略和实施培养策略。高效培养模式通过人才培养能够使人才在达到更高能力（如 P_{2max}）的前提下，更早地进入能力成熟期（即成熟期 2）；而普通培养模式使得人才进入能力成熟期（即成熟期 1）较晚且其能力水平也较低（如 P_{1max}）。

高效培养模式与普通培养模式的效果差别体现在两个方面：

1）进入成熟期的时间差别，即 $\Delta t = t_1 - t_2$；

2）进入成熟期的能力差别，即 $\Delta P = P_{2max} - P_{1max}$。

也就是说，高效培养模式使人才更早具备担负企业业务重任的能力。

Chapter5 第 5 章

企业创新人才培养与评价

5.1 创新人才类型

任何行业的企业，不管提供怎样的产品、服务，以及规模如何，如果没有足够的各类型人才的支撑，那么将难以在激烈的市场竞争中保持持久和强大的竞争力。对于企业而言，市场竞争的优势真实反映着人才的优势，也可以说，市场竞争的本质就是人才规模和人才水平的竞争，就是人才培养模式的竞争。人才类型可分为学术型人才、工程型人才、技术型人才和技能型人才。在这四种类型的人才中，具有创新意识、创新思维和创新能力的人才，可以称为创新人才。

5.1.1 基于企业战略规划的创新人才

对于企业而言，如果创新人才越多且层次越高，那么对于确保企业实现其阶段性战略目标以及持续发展就会提供越多的智力保证。从企业发展的战略角度看，企业为了规划和实现在企业层、部门层和职能层三个层次的战略，就需要有这三个层次的创新人才来支持，创新人才的培养也自然成为企业战略规划内容中不可缺少的一部分。

企业的战略一般分为企业层次战略、部门层次战略和职能层次战略三个层次。

　　企业层次战略是企业的顶层战略，它是由企业最高管理层决定并指导和管理企业一切活动的行动纲领。它最显著的特征就是其创新性，创新性意味着企业的战略应随着企业内外部环境的变化而改变，例如，市场的变化、技术的变化、资源需求与资源提供能力之间的矛盾、人才需求与人才培养速度之间的矛盾，以及资源实际作用与对资源发挥作用期望值之间的矛盾等。企业对制定企业层次战略的创新人员的能力要求涉及多个方面：制定企业战略时需要体现其创新性地解决所遇到困难的能力；需要对企业以及企业所涉及的各个业务方面都有深刻理解的能力；对企业内部和外部环境的准确分析以及在战略规划中分析结果的应用能力等。因此，战略制定需要具有很强业务能力和很强创新能力的创新人才。这种创新人才在制定部门层次战略和职能层次战略时也同样是需要的。

　　部门层次战略是指在企业层次战略的指导下，由部门管理层决定的经营和管理某一特定经营范围的战略，属于企业层次战略的子集。部门层次战略的重点是如何在充分应用现有资源的情况下，逐步提升所负责经营范围的产品和服务在市场上的竞争地位。企业对制定部门层次战略的创新人员要求，一方面要深刻和精确地理解企业层次战略内涵，以确保部门层次战略对于企业层次战略进行准确支撑；另一方面要对于部门所负责经营范围的业务有全面和深刻的把握，拥有策划充分应用现有资源和激发现有资源潜力的能力，能够制定解决部门层次战略过程中各种困难的措施，能够找准部门某一方面相对于竞争对手的优势的施策环节和手段。

　　职能层次战略是指相对于企业层次战略和部门层次战略而言，处于下位的执行和实施层次的战略。与企业层次战略和部门层次战略相比，职能层次战略是由一系列的具体业务计划和措施构成的详细业务体系，涉及企业运营的所有方面，如产品销售与服务、新产品研发与试制、产品制造、供应商开发与物料供应、人才开发、公共关系等。企业对制定职能层次战略的创新人员要求具备企业运营的过程知识，能识别最大限度发挥资源作用及资源潜力的机会，具有将部门资源转化成强大竞争力的能力，并在提升企业运营的安全、质量、效率、成本以及人才培养等方面具有显著的创新能力。

5.1.2 基于企业性质和业务板块的创新人才

5.1.2.1 市场销售与服务

企业的机会、业务都来源于市场。如果企业能够为市场提供受信赖的产品，能够提供交口称誉的服务，那么这将为企业实现战略目标提供坚实的基础，也会为企业拓展经营范围和加速发展提供可靠的保障。因此，企业必须为塑造市场销售与服务的强大实力而努力，以获得更多的客户群体和更高的用户忠实度。这样的话，企业创新人才的培养业务，培养出精通销售和市场服务的高水平人才就自然处在了非常重要的位置上。

5.1.2.2 新产品策划与研发

产品是企业对外部环境的输出，是企业服务社会和用户的基本手段。企业的产品对于用户而言，就是解决他们工作和生活中所遇到问题的物性工具，换言之，就是消除他们面对的在某一情形下的"苦情"并带来新的体验和价值。

为了达到这个目的，企业深刻分析和准确把握用户需求是非常重要的，例如用户需求是什么，这些需求发生的场合、时间是什么，发生的原因是什么，如果要有新的产品为他们提供帮助，那么他们最期望是什么样的产品，期望产品的功能是怎样的，性能和可靠性是怎样的，价格有多高，等等。这些信息（只是做产品研发时所需信息的一部分）都是产品研发人员在策划新产品或改进产品时应重点考虑的内容。

事实上，要同时满足客户期望产品的各项要求，这种面向多个设计目标的产品设计过程，会遇到许多技术难题。例如，选材与成本之间的问题，结构与性能之间的问题，性能与可靠性之间的问题，等等。这些问题在产品技术方案设计时会遇到相应的技术冲突，这些设计过程冲突问题的解决对于只有过去的设计知识和经验性做法的工程师来说是困难的，他们通常采用经验中常用的折中方法来缓解问题，而不是从根本上解决问题，因为在他们已有的工程设计知识中缺乏对于设计冲突问题本质的认知，以及如何解决这些冲突的专业知识。获取解决设计冲突的知识，可以通过对设计工程师进行专门的创新能力培养来实现。

5.1.2.3 产品制造

产品制造是产品实现的重要组成部分，是产品设计之后将设计方案（设计的思维过程和结果）物化的过程。企业产品设计和产品制造的水平直接决定着企业在市场上的竞争位置，是决定其竞争能否制胜的关键要素。优秀的产品设计不仅能够赢得用户的高度赞誉，同时也会给产品制造带来高度的可制造性。出色的产品可制造性不仅使产品本身的外观、性能、可靠性等得以保证，同时也是实现低成本制造的关键要素，对创新人才培养而言，更是在"学中干"和"干中学"的大好时机。

对于产品制造，有必要阐明容易混淆的两类技术，其一是生产技术，其二是制造技术。许多人对于这两种技术并不怎么加以区分，认为大致是相同的，都是关于生产方面的技术，甚至认为不需要区分开来。

事实上，这两种技术既不可以混淆对待，也不可以认为它们毫不关联，它们之间既有交叠的部分，也有不同的部分，但都在产品制造过程中发挥着不可或缺的重要作用。

所谓生产技术，就是有关如何实现制造的技术。更直观的理解就是对于什么样的任务选用什么样的工具的技术。制造技术就是指有关制造方法的技术，进一步讲就是如何使用工具完成任务的技术。从两种技术的用途可以看出，如果没有制造技术，再好的生产技术也不会得到满意的结果，就像再好的相机，如果不具备拍摄技术，就不会获得满意的照片。

例如，如果企业在产品组装或零部件加工制造的某个环节有一项独家诀窍，这项诀窍在保证产品或零件满足产品设计的关键技术要求时稳定且出色，而且该项诀窍对于保证产品性能方面有决定性作用，那么企业在进行工厂或生产线规划时，采用怎样的方式，或者生产线的工序采用什么样的设备和加工方法，这些问题方案的前提之一就是要最大限度地发挥企业现有诀窍的能力。在这个例子中，应用诀窍的技术就是生产技术，而代表某个卓越制造方法的诀窍就是制造技术。

上面的例子说明产品设计不能抛开企业制造系统的工程文化而单独进行，要有意识地应用企业现有的技术诀窍，即产品的设计应最大化地应用企业现有的生产技术和制造技术，在许多情况下，真正使企业竞争力保持领先的是生产技术和制造技术,因为这两种技术可以在产品设计技术之外独立改进和进化,而且可以持续进行。常常出现这样的事例,即企业能够开发出具有最先进技术和优秀性能的产品,但最后将这种技术的产品在市场上发扬光大的却是以制造为主导的其他企业。这就说明了在某种程度上,无论是生产技术还是制造技术,它们与产品研发技术至少具有同等的重要性。

具有竞争力和持续发展的企业,必然需要大量的具有研发这些生产技术和制造技术能力的创新人才作为支持。

5.1.2.4 生产保障

在生产现场,如毛坯铸造、锻压和之后的零件机械加工,产品的组装、调试等形成产品的核心过程固然是非常重要的业务模块,然而这些生产线模块的正常运行,时刻都离不开生产保障环节的支持,如原材料和外购部件的供应,机床使用的液压油、润滑油、冷却液的供应,刀具和工具的供应,刀具和工具的维护等。

对于生产保障的管理要求而言,并非仅以充分满足生产需求为唯一目标,真正要追求的是供应的"刚好与及时"的状态。"刚好"强调供应的数量不多也不少,多了就是过剩的浪费,少了就会导致等待的浪费,这对于追求高效率的生产管理而言都是不被允许的。"及时"强调供应的时间不早也不晚,早了就会产生超量的库存并形成浪费,晚了就会导致生产线待料停线的浪费。对于生产所需的主要材料有这样的管理要求,对于像油、液、刀具、工具等辅助材料的供应和配给也有类似的管理要求。

像这样将生产保障做到"刚好与及时",并不是稍加努力就可以实现的事情,它需要相关的技术人员和管理者对于生产现场的任何环节都有极其深刻的理解,哪里有怎样的风险,哪里有何种改进的潜力以及如何挖掘,哪里存在棘手的难题等,都需要了然于胸。

对于生产保障,值得注意的是,像机床等装备油-液的补给管理、工具的配给管理,并不是单纯的补给,而是要观察油-液、工具等的消耗状况,根据其消耗的趋势来判断产品制造的过程条件是不是正常或者正在发生变异。像这样的对于产品制造过程中任何有影响的条件都要进行有效的监控,当然这属于管理范畴的诀窍,它对于维持良好的制造条件是非常必要的。

5.1.3　基于企业现有业绩的业务开展

企业运营会涉及许多方面的业务，每项业务都需要分解到部门、小组或单个成员。在业务分解后，紧随其后的重要环节就是要理清这些分解的业务如何开展。许多企业习惯沿用几乎不变的业务方法来处理有越来越高成果要求的业务，很显然这是难以实现的。事实上，企业竞争力持续提升，就必须首先使企业各项业务的开展能够持续得到改进，因为企业竞争力的提升正是对各项业务不断改进的结果汇集后的集中体现。

企业在对于所开展的业务实施过程控制时，总是要审视业务完成状态的趋势，该趋势的发展方向自然应与职能层次战略、部门层次战略和企业层次战略相吻合，业务的发展进程也应该在要求的范围内。当然，对于业务开展状态的优劣判断，不应单纯地以企业内部已制订的现有战略为基准，还必须考虑企业外部环境的变化，尤其是竞争对手的变化。

无论是企业层次、部门层次或者职能层次，在制定战略目标的计划时，企业需要首先考虑战略目标与当前组织现状的具体情况，然后按照以往的常识和经验配置相应的资源，从而形成统一的行动计划和部署，并在计划制定过程中力求配置的资源与计划的目标相吻合，从资源利用的角度说，就是最大限度地追求以少的资源投入高标准地达到计划目标，这是企业发挥创新能力的大舞台。然而，实际上的客观事物都处在时刻变化之中，因而一个具体的实施计划在付诸实施时随时都可能出现问题，这是计划执行者和管理者都应该理解的常识。

这里需要说明的是，有的企业或者工程师总是强调计划的严肃性，在意识上认为计划一经制定完成并通过领导层批准后便难以再变更，其实这是误解。其一，计划的严肃性首先在于制定计划时应充分理解计划的目标状态、业务的当前状态、业务由当前状态通往目标状态的路径状态以及所配备资源的状态；其二，计划的严肃性在于它在企业完成业务过程中必须要起到引导作用，起到用少的代价获得多的成果的效果；其三，计划在企业业务开展过程中相当于"标准"的作用，组织或者个人在开展业务时都需要按计划的要求进行。但是在按计划要求执行时常会出现问题，如人手多或少的问题、物料多或少的问题、开展业务的方法存在缺陷的问题、工具不适合的问题以及相关资源投入时机的问题等。其实，计划的严肃性恰恰体现在计划调整的及时性上，因为计划与现实一旦产生了偏离，那么它也就失去了指导业务的作用，因此对于准确把握计划调整时机和及时实施计划调整也就有了非常高的要求。调整后的计划更加适合组织的现有业务情况并更好地指导业务持续向前推进。

很多企业都曾遇到这样的情况：永久对策已成功实施，而且取得了良好的结果，但是应用永久对策一段时间后，原来的问题却再次发生了！这对于企业而言是非常糟糕的事情，也是特别需要警惕和深究的情形。遇到这样的情况，企业或相关工程师应以十分谨慎的态度去对待。因为曾经已被验证的成功方案在实施一段时间后却发生了问题的"反弹"，出现这种现象反映了企业在问题管理方面可能存在着诸多问题。

同样的问题再次发生，企业应该意识到是个"严重事件"，因为其中包含着更为深刻的问题，比如技术问题、过程管理问题、文化问题等。

技术问题是指当问题再次发生的那一刻，发生问题的系统所使用的技术参数状态可能与标准化的永久对策中所采用的"成功技术参数"状态（有时也称为"良品条件"状态）已经产生了某种程度的差异。差异的来源有两个：一个是来自所使用系统的变异，另一个是应用永久对策的作业标准时产生了变异。如果真是如此，对于系统来说，就应该抓住机会，发掘出在技术上存在何种变异、变异的来源及其产生影响的机理等。对于企业来说，企业内部的知识库包含的技术参数、参数变异以及它们对结果的影响这样的知识越多，就表示企业的实力越强。对于应用永久对策的作业标准时产生的变异，也要深究其原因，并进行彻底解决。如果人的技能不足，唯一的做法就是实施有效的再培养和再教育。

过程管理就是企业在开展业务过程中，为了使业务开展过程的状态一直处于持续输出期望的和一致性的结果而进行的主动合理的干预或控制。这里有一个关键要素就是随着企业的发展和竞争的需要，企业需要掌握越来越多的成功业务条件，这既是开展标准化业务过程的基础，也是进行高水平过程管理的基础。如果企业不掌握或者没有掌握足够多的成功业务条件的知识，那么就难以通过标准化的业务开展过程实现有效的过程管理，更谈不上确保企业战略目标的实现。当然，即使业务开展过程具备了成功业务条件，也不一定能够持续输出期望的结果，关键在于所使用的成功业务条件是不是一直维持在要求的状态。

业务开展过程中存在许多影响过程的参数或条件，如成功业务条件、有害条件、无用条件等。有害条件是指对于达成业务目标存在负作用或明显干扰作用的条件；无用条件是指对于业务结果的影响很小，甚至可以忽略，但是却占用一定数量资源的条件。这些不同类型的条件一直处于变化之中，而我们的期望是仅使成功业务条件发挥越来越有效的作用，而在有害条件和无用条件不介入的情形下开展业务，这种相对理想的业务状态必须应用高质量的过程管理才能达成。但是，如果过程管理的干预或控制失当而导致开展的业务结果偏离了期望的目标，这就意味着出现了过程管理问题。

文化问题是指在价值观、信念、思想、道德、习惯、处事方式等方面所呈现出的特有性质和品格上的问题。文化问题可以说是企业各方面问题的源头，因此企业文化的建设是从企业整体素养的层面所做的全面提升的工作。因为对于企业实现战略目标而言，仅依靠有限的过程管理人员的监察或检查是远远不够的，事实上应该更依赖所有业务开展者来进行自主过程管理，这将带来以下优点：

1）便于观测成功业务条件的变化趋势；
2）便于观察有害条件的影响度；
3）便于观察是否有无用条件产生和介入；
4）不断提高员工的责任心。

另外，单纯依靠从事业务的员工来进行自主过程管理也不能说是充分的做法，在此基础上还应该从组织层面的 5M 整体出发，全面高效地进行业务过程的无工伤管理、无不良品管理、无故障管理、低成本管理、高效率管理等活动。

5.2　创新人才培养规划

5.2.1　人力资源部门的创新人才培养规划

在介绍企业人力资源部门进行创新人才培养业务之前，有必要首先在最基本的层面上提出一个问题，该问题就是企业运营的核心是什么。有人可能不假思索或理所当然地回答是通过向市场提供优质的产品和服务来实现企业的战略目标。这个答案在企业经营层面上来说是无须指责的，但是对于人力资源部门而言，这个回答就存在问题了。站在企业人力资源的立场和面向企业全局发展的角度来思考，企业运营的核心内容就是为了高效实现企业的战略目标，培养各个方面都能够发挥重要作用的各类型创新人才。

5.2.1.1 从企业整体和战略的角度制定创新人才的培养宏观规划

企业为了能够实现其战略目标，需要规划许多支撑战略目标实现的业务方面，例如市场营销与管理方面（包括主要用户和主要竞争对手方面）、产品研发与测试方面、产品制造方面、零部件采购方面、辅料采购方面等。这些业务方面还涉及相应的信息分析与管理工作，如市场信息分析与管理、新产品或现有产品改进数据（包括竞争性对标）分析与管理、产品制造过程数据（一般包含安全、质量、效率、成本）分析与管理、供应商供应产品信息分析与管理、辅料（指在产品制造过程中需要但在最终产品中不体现的物质要素，如生产线上工具、刀具等）信息分析与管理等。

在按照企业战略目标规划完成企业的业务模块及业务流程后，下一步就要为这些业务模块和业务流程配备能力相适应的业务人员。企业的战略目标随着时间的推移和竞争的需要不断提高，这就意味着企业各个业务模块或业务流程中的岗位对技能的要求也必然是随之不断提高的。在这种情况下，企业的人力资源部门就应该时刻从企业整体和战略的角度出发，制定企业层级创新人才培养的宏观规划，这对于确保在企业发展的任何时期使人的能力与岗位要求具有良好的匹配性是非常重要的。

对于企业来说，人的能力最具价值的部分就是创新思维能力和创造力，也可称为创新能力。员工的创新能力状况是衡量企业创新能力的重要指标。员工创新能力越强，创新人才数量越多，对于企业实现战略目标和持续保持竞争优势就越有利。

创新人才作为企业员工中知识、能力和素质相对较高的一部分人，其创新能力也相应地高于普通员工。创新人才的创新能力主要体现在他们经常能提出新思想、新技术和新方法，他们能够将其他领域的先进技术成果或思想在深入分析、比较、剔除、融合的基础上，综合用于解决本企业的困难问题并由此创造出新的成果。此外，创新人才还可以起到带动和影响身边普通人员以提高他们的创新能力和素质的积极作用。

基于此，企业人力资源部门在制定企业人才培养规划时，应以着重培养一定规模和一定规格的创新人才为主导思想，并根据企业发展的需要按阶段逐批进行。创新人才的培养可以与面向企业整体业务的各类人才培养同期进行。对于企业整体业务的各类人员，制定面向岗位需求和战略目标需要的创新人才培养宏观规划及有效组织实施是企业人力资源部门的核心职责。

对于一个企业，人力资源部门对于处在不同层级创新人才的培养规划，其内容的重点会有所不同。

5.2.1.2 企业创新人才培养级别的规划

1. 企业层级的创新人才培养规划

由于人才培养的目的是实现企业未来的战略目标，比如企业在未来什么时间要做什么，要做到什么程度，因此创新人才培养宏观级别规划的内容更倾向于企业如何迎接未来挑战的知识和能力，包括本企业、本行业在未来必然会用到或相近行业已经在用的知识或工具等，但具有宏观的属性。

为了真正发挥各种资源的协同作用以达到更高的协同效果，企业应培养一批既熟悉业务又能洞察和利用协同机会的人才。他们熟悉业务的细节，熟悉业务各个环节所配备资源的状态，能够排查提高协同作用效果的各种障碍，以及具备应用创新理论与方法进行排除问题的能力。

2. 部门（或业务）层级的创新人才培养规划

对于部门层级的人才培养具体规划，由于人才培养是以企业战略目标为指南，立足于本部门的业务范围，使本部门的竞争能力在市场上具有可持续的优势，因此它对于创新人才的培养在能力上更倾向于如何更好地开展当前业务所必然要用到的知识或工具。这里需要强调的是，在对业务层级的人才培养规划进行内容设置时，一定要包含针对已发生失败的纠正失败和预防失败的知识。

职能层级的人才培养规划也属于微观层面的创新人才培养范围，由于职能层级的人才培养的目的是支持更好地贯彻和实现企业层和业务层的战略目标，因此职能层级的创新人才培养的模式和内涵应更有利于提高实际问题的解决能力，并且使解决问题更富有创新性。职能层战略至少应包含以下方面，这些方面也是制定职能层级的创新人才培养模式和内涵的重要依据：

1）如何开展业务使企业战略目标和业务战略目标得以实现；

2）制定可行和有力支持战略目标、运营目标的工作计划并有效实施；

3）确定职能战略的战略重点、对应的战略阶段及主要战略措施；

4）战略计划实施中的评价及改进方案。

5.2.1.3　企业创新人才培养的中长期规划

创新人才培养是企业的关键业务之一，属于企业长期或长久的核心业务范畴，并将为企业克服发展过程中遇到的各种问题提供能力保障。虽然创新人才培养属于企业的长久性工作，但并不意味着创新人才培养的模式和内涵是固定不变的。创新人才培养的模式和内涵需要根据企业的战略目标和竞争需要来确定。也就是企业的战略目标指向哪里，在什么时候具备什么样水平的竞争能力，都需要在企业人力资源创新人才培养模式和内涵规划中准确地体现出来。如果企业的战略目标根据市场竞争需要发生较大的调整，那么企业人力资源部门对创新人才培养模式和内涵的规划也要做出对应调整。相对于企业的战略目标，企业人力资源部门对于创新人才培养模式和内涵规划的调整，根据企业外部环境的变化应更具灵活性和前瞻性。企业战略目标的阶段性周期一般为3～5年，那么企业人力资源部门的创新人才培养规划可以做3～5年的周期规划和相应的0.5～1年的阶段性培养计划，当然这根据需要是可以调整的。企业人力资源部门的创新人才培养模式和内涵规划，应保持与企业战略目标具有高度一致性，并且应该将此作为基本原则。

5.2.1.4　建立对创新人才培养模式和规划的评价及优化机制

鉴于企业人力资源部门根据企业战略目标所制定的创新人才培养模式和内涵规划的重要性，在制定完成针对某一创新人才培养周期内的培养模式和内涵的规划后，企业应对其实施评审工作。评审的焦点主要集中于三维和两性上。三维即三个维度，是指创新人才培养在内涵上的广度、高度以及应变度；两性是指创新人才培养规划与企业发展战略在三个维度上应具有符合性与适宜性。

创新人才培养规划的广度是指所制定的创新人才培养规划是否对企业战略目标的诸多方面实现了全面覆盖，这些创新人才培养的内涵至少包括：

1）现有市场维持与新市场开发；
2）新服务模式开发；
3）新产品研发与技术创新；
4）产品制造技术研发与技术创新；
5）生产链新管理模式研发与创新。

创新人才培养规划的高度是指通过培养的创新人才创新能力将要达成的水平或程度。换句话说，就是所培养的创新人才的能力必须能够在企业发展过程中对遇到的或者可预见的，甚至不确定的困难具有攻坚克难的能力。

创新人才培养规划的应变度是指创新人才培养模式和内涵规划随着企业战略目标的变化做出恰当响应的能力，当然也包括随着企业运营目标的达成状况进行调整的能力。

创新人才培养规划的符合性是指所制定的创新人才培养模式和内涵规划，在广度上是否对企业战略目标所涉及企业业务的诸多方面实现了全面覆盖；所设计的创新人才培养模式和内涵在对被培养者能力水平提升上相对于战略目标要求是否具备对应性和可达性；所设计的创新人才培养模式和内涵的机制，相对于企业战略目标的调整是否具有快速和敏捷的响应性等。

创新人才培养规划的适宜性是指依据企业战略目标规划的创新人才培养模式和内涵，对于本企业实际情形的适合性和适用性，这也是能否达成创新人才培养目标的重要因素。

另外，在对创新人才培养模式和内涵规划进行评价时，对于负责评审的评审组人员的组成方面，除了企业人力资源部门人员外，还可以由企业高层、部门高层以及企业相关骨干人员组成。

5.2.2 业务部门的创新人才培养规划

企业一般会根据业务范围的规模和复杂程度划分为若干个职能部门，这些职能部门所分担的业务支撑企业的整体业务。

一般情况下，具有一定规模的企业设立的主要职能部门有人力资源部门、财务会计部门、市场（销售）部门、产品研发与设计部门、生产管理部门、产品制造部门、生产技术部门、制造技术部门、质量管理部门、设备保障部门、物料采购部门等。

企业的各个不同业务部门是企业完成从总体业务分解出来的各个不同子业务的堡垒。每个业务部门都有其主要负责的子业务方面，而每个业务部门主要负责的子业务也正是其从战略的角度制定创新人才培养计划的主要依据。下面以某企业为例，说明主要业务部门制定创新人才培养计划的思路和方法。

1. 销售与服务部门

企业对销售与服务部门的指导性年度工作方针是："用与质量相适应的高技术、好价格和好服务来领导市场。"

销售与服务部门的工作根据这个方针，将业务内容分为以下几个方面：

a. 努力销售产品并进行应收货款的回收；

b. 产品搭载中间客户技术服务体制的确立；

c. 确立产品售后体制；

d. 扩大产品的销售。

依据上述的业务内容，部门便可以制定人才培养内容和模式，见表5-1。

表 5-1 销售与服务部门的业务内容、人才培养内容和人才培养模式

业务内容	人才培养内容	人才培养模式
努力销售产品并进行应收货款的回收	1）产品功能、性能及维护相关知识 2）与同类型产品的比较优势 3）同类型或近类型产品的性价比 4）本企业产品价格优势 5）购买产品的有关交货事宜 6）产品售价策略和回款规则确定 7）对客户要求的深度解读与满足方法 8）与长期客户的友好互访规则	1）依靠企业内部业务前辈来培养，然后自己实践和总结 2）依靠外部有资质人员进行培养，采用集中讲授，然后自己实践和总结 3）采用混合方式
产品搭载中间客户（即企业与终端客户之间的客户）技术服务体制的确立	1）中间客户（后工序）的技术要求在明确化基础上达成准确理解和共识 2）对后工序服务体系明确化（包括服务事项、联络方式、信息传递等）	1）依靠企业产品设计和销售部门有资质的人员 2）与服务现场相结合的方式进行

(续)

业务内容	人才培养内容	人才培养模式
确立产品售后体制	1）产品售后体制分为终端用户体制和中间用户体制 2）对于终端用户 · 建立完整的终端用户信息档案 · 建立终端用户信息反馈途径 · 建立针对终端用户反馈问题的快速反应机制 · 建立畅通的故障信息和故障零件返回路径 3）对于中间用户 · 建立完整的中间用户信息档案 · 建立中间用户信息反馈途径 · 确立长期驻在售后服务人员工作基准 · 建立畅通的故障信息传递路径和故障零件追回渠道	由销售部门、产品开发部门、质量管理部门有资质的人员进行培养
扩大产品的销售	1）市场上相同或相似产品性能的调研及分析方法 2）与用户的沟通方法 3）当前应用类似产品用户的现有需求是什么 4）市场上可被本企业产品替代的机会是什么 5）新市场机会的分析方法	由销售部门负责，产品研发部门、质量管理部门等协助

2. 财务会计部门

财务会计主要是指通过对企业已经完成的资金运动全面系统的核算与监督，以为外部与企业有经济利害关系的投资人、债权人和政府有关部门提供企业的财务状况与盈利能力等经济信息为主要目标而进行的经济管理活动。财务会计是现代企业运营的一项重要的基础性工作，通过一系列会计程序，为企业制定战略提供有用的决策依据，并积极参与企业的经营与管理，提高企业经济效益，服务市场经济的健康有序发展。

企业对财务会计部门的指导性年度工作方针是力求确立现金流动、资金明确化的财务管理制度；推进使用成本管理体系的成本降低活动。

针对这个方针，财务会计部门的业务内容、人才培养内容和人才培养模式见表 5-2。

表 5-2　财务会计部门的业务内容、人才培养内容和人才培养模式

业务内容	人才培养内容	人才培养模式
固定资产的新增、改造、维修的立项决策手续制度化	1）给出固定资产的定义，制定固定资产的范围 2）建立固定资产管理台账 3）设立固定资产新增、改造、维修、报废的基准和审批流程	由财务会计部门对设备管理部门、产品生产部门等进行培养
通过确立应收货款、应付货款的管理制度，彻底贯彻现金流动管理	1）建立与用户方的应收货款规则 2）对于应收货款按类别确定处置办法，例如临期、逾期货款 3）建立与供方的付款规则 4）与供方确认货物质量、数量、逾期等方面问题的处置方法 5）建立针对优秀供方的付款规则（比如付款周期不同、期次不同等） 6）建立以月为周期的现金流入、现金流出和净现金流量的管理体制	1）由销售与服务部门、财务会计部门和用户方联合确定，由有资质人员负责培训 2）由采购部门、财务会计部门和供方联合确定，由有资质人员负责培训
按业务关系对企业分类，分别进行成本核算的明确化	1）针对产品销售，确立不同类别中间用户的成本核算方法 2）针对采购（包含零部件、原材料、副材料、辅料等），确立不同类别供应商的成本核算方法 3）发掘成本降低的潜力方面	1）由销售与服务部门组织培训 2）由采购部门组织培训 3）由企业管理部门组织培训
彻底进行铸造原材料、副材料、回炉料的成本管理	1）建立单件产品的铸造原材料、辅料、副材料、回炉料的使用标准 2）建立铸造单件成本管理规则 3）实施成本降低活动	由铸造技术部门负责制定规则、标准并组织培训
推进机械加工用刀具、材料、副材料的成本降低活动	1）建立单件产品机加工的刀具、工具、辅料、副材料等[①]的使用标准 2）建立单件产品机加工成本管理规则 3）实施成本降低活动	由机加工技术部门负责制定规则、标准并组织培训

①刀具、工具、辅料、副材料等在成本管理方面界定为在最终产品上不存在，但在形成最终产品的过程中必须应用的材料。

3. 产品生产部门

产品生产部门对于任何企业而言都是最重要的部门，因为企业终归是借助向社会提供优质的产品和服务来实现自己的发展愿望的。企业的产品生产部门就是肩负着产品生产和制造的责任部门，企业的许多其他部门的业

务也正是围绕着如何能使产品生产部门高质量、高效率和低成本地将产品顺利制造出来而展开的。因此可以说，企业的产品生产部门在企业内部是一个处在核心位置的重要部门。

企业对产品生产部门的指导性年度工作方针是 a. 强化生产体制，建立灵活牢固的体制；b. 推进零部件的国产化工作；c. 通过定岗定编，力求人才的有效活用。

针这个方针，产品生产部门的业务内容、人才培养内容和人才培养模式见表 5-3。

表 5-3　产品生产部门的业务内容、人才培养内容和人才培养模式

业务内容	人才培养内容	人才培养模式
通过职务制度强化管理、监督体制	1）建立班长、组长、系长、课长的生产管理组织架构 2）明确每一层管理者的职责（其中组长和班长也称为监督者） 3）建立生产过程体制和规则 4）建立异常处置规则 5）开展创意活动，激活现场改善热情	由产品生产部门上级对下级进行培训（在此之前，由企业的人力资源部门对产品生产部门管理者实施培训）
彻底实施 4S	1）建立开展 4S 活动的领导体制 2）向现场说明开展 4S 活动的必要性 3）建立 4S 实施标准（Ⅰ～Ⅳ级） 4）开展 4S（整理、整顿、清扫、清洁）活动 5）采用"实施－评价－改进－实施"循环	由制造技术部门制定 4S 实施标准，并负责对现场进行培训
建立和实施标准作业	1）建立开展标准作业的领导体制 2）向现场说明开展标准作业的必要性 3）建立标准作业实施标准（Ⅰ～Ⅴ级） 4）开展标准作业活动 5）采用"实施－评价－改进－实施"循环	由制造技术部门负责制定标准作业要领和标准，并组织对现场培训
强化设备保全体制	1）建立以生产线为单位的设备台账 2）设立设备病例 3）设定设备的保全基准（以台为单位） 4）保全项目的"日常"和"预防"类别的划分 5）进一步提高保全技能、技术 6）保全作业实施及结果确认要领	以制造技术部门为主负责对设备保全体系以及制造现场和设备管理部门进行培训

（续）

业务内容	人才培养内容	人才培养模式
按国产化件类别和要求寻找潜在供应商	1）制定潜在供应商入围框架条件标准 2）根据待国产化件要求制定考察供应商的具体标准，包括企业文化、商务事宜、质量要求、生产能力、目标成本等	以采购部门为主，以生产管理部门、质量管理部门、制造技术部门为辅，完成标准的制定及培训
与适合的潜在供应商进行深入接洽和交流	1）制定零件国产化的详细规则和流程 2）确定技术交底文件形式及履行事宜 3）确定国产化期间信息的传递及处置规则	以制造技术部门、质量管理部门为主，以采购部门为辅，制定标准并完成培训
明确岗位及职责范围	1）以生产线为单位明确管理岗、作业岗和线外岗 2）设定不同岗位的职责内容 3）设置技能训练中心并推进人才能力（包括改善能力、制造能力、机械加工能力）开发 4）现场用辅助器具制作能力 5）有关产品技术服务能力	以制造现场为主，以制造技术部门为辅，完成规则的制定和培训
人员的适当配置以及高能力者的活用	1）确保岗位要求与人的技能的匹配性 2）有计划开展岗位要求与技能的评价活动并以此实施人才培养工作 3）依据产量确定岗位的范围并努力少人化 4）高技能者进行定期经验和心得交流，使其特长得到推广与发挥	以制造现场为主，以制造技术部门为辅，完成规则的制定和培训

4. 质量管理部门

"质量是企业的生命"，如果产品脱离了令人信赖的好质量，那么企业也就不可能在人们心目中筑起令人愉悦和好感的品牌，产品也就不可能有好的前景，当然这也会关系到企业的命运。产品的好质量自然是有其必要条件的，这个必要条件应在有高质量发展愿望的企业的各个相关部门中达成共识，因为只有这样才能使企业内与形成好质量有关的部门懂得自己应该做什么和做到什么程度。

许多企业认为，已经通过了诸如ISO9000或类似质量管理体系的认证，而且还按体系的要求进行定期的内、外审核或其他形式的审核，也在一定程度上表示所建立的质量管理体系在有效运行，产品质量以这样的模式实施管理就可以了。但企业应该清醒地认识到，具有持续和良好一致性的产品仅有上面所述的框架式质量管理模式是远远不够的。

这里，我们有必要强调一下产品好质量的含义，许多企业单单用合格率来证明产品达成好质量的程度，这样理解是有缺陷的。真正的产品好质量应该从两个维度衡量，那就是一次合格率和一致性（这里的一次合格率是指不计通过返工挽回的产品的合格率）。具有高一次合格率和高一致性的产品才能称作好质量。

企业实现好的产品质量，无论从质量管理意识上，还是从制造条件管控上，都必须持续提高认知水平和控制水平，这至少应该从以下三个方面予以考虑：

1）打造永远高于用户需求的产品质量状态；
2）对于可靠地制造好质量产品的制造条件的深度认知；
3）能够维持产品好质量形成条件的稳定性。

企业对质量管理部门的指导性年度工作方针是通过加强质量第一的意识以及开展TQC活动，提高企业内外的质量评价；技术标准、业务标准的体系化。

针对这个方针，质量管理部门的业务内容、人才培养内容和人才培养模式见表5-4。

5. 设备管理部门

在企业的生产运营过程中，设备管理的主要任务是为企业提供优良且可靠的技术装备，使企业的生产经营活动建立在最佳的物质技术状态基础之上，保证生产经营活动的顺利进行，并以此确保企业提高产品质量，提高生产效率，保证交货期以及降低生产成本，从而使企业获得更高的经济效益。可以说，产品研发、试制、加工、销售和售后服务等全过程的生产经营活动，无不体现出设备管理的重要性。为了赢得和占领市场，降低生产成本，节约资源，生产出满足用户需求、为企业创造最大经济效益的高质量产品，有效的设备管理是根本的前提和保证。

企业对设备管理部门的指导性年度工作方针是建立和完善设备保全体制；为应对产品销售，充实预防保全，谋求提高设备能力和完好率。

表 5-4 质量管理部门的业务内容、人才培养内容和人才培养模式

业务内容	人才培养内容	人才培养模式
全员质量第一理念教育	1）全岗位质量第一理念教育 2）培养全员的质量意识	由各部门组织培训
建立遵守规定的岗位要求	1）完善作业岗位的质量文件，包括质量标准、作业标准、异常处置规则 2）制定岗位操作要求基准 3）贯彻工序内质量检查的标准作业 4）开展技能培训和训练活动 5）开展创意活动	以质量管理部门为主，制造现场为辅，完成规则和要领的制定，并完成彻底培训
根据TQC展开提高质量的活动	1）建立在工序内造就质量的体制 2）彻底贯彻遵守标准作业 3）开展质量保证（QA）活动 4）铸造、机加工、组装、试验、出厂等各工序内的质量检查体制的再审定和再改进 5）工序能力的测定与提高 6）区分工序内、后工序和市场质量问题的重要度等级 7）后工序和市场质量问题的重点解决	以质量管理部门、制造技术部门为主，制造现场、设备管理部门、销售与服务部门为辅，完成规则和要领的制定，并完成彻底培训
技术标准的体系化	1）各种技术的类别化（包括产品类、原-副-辅材料类、工艺类、工艺装备类、备件类，以及工具、刀具、量具类等） 2）各类技术的规范化管理（包括技术定型、改善、升级、替代、废止等）	由各分管技术部门制定规则和标准并实施相应培训
业务标准的体系化	1）各个部门事务性工作的整理与分类（包括销售业务、采购业务、物流与仓储业务、生产准备业务、设备管理业务、后勤保障业务、质量检查与确认业务、安全管理业务、生产管理业务等） 2）各类业务的规范化管理（包括业务定型、改善、升级、替代、废止等）	由各分管业务部门制定规则和标准并实施相应培训

针对这个方针，设备管理部门的业务内容、人才培养内容和人才培养模式见表 5-5。

表 5-5 设备管理部门的业务内容、人才培养内容和人才培养模式

业务内容	人才培养内容	人才培养模式
设备保全体系的建立	1）设备保全体系的宗旨和理念 2）设备保全体系的建立	由制造技术部门制定规则并实施培训

（续）

业务内容	人才培养内容	人才培养模式
日常保全项目的界定	1）按生产线及单台设备整理日常保全项目清单 2）制定日常保全项目基准和实施要领 3）明确日常保全时的异常联络方法	以制造技术部门为主，以制造现场为辅，制定规则及要领并实施培训
预防保全项目的界定	1）按生产线及单台设备整理预防保全项目清单 2）制定预防保全项目基准和实施要领 3）明确预防保全时的异常联络方法	以制造技术部门为主，以设备管理部门为辅，制定规则及要领并实施培训
设备故障修理要领	1）编制设备故障通用修理要领书 2）编制针对单台设备结构的修理要领书 3）编制单台设备病例，记录故障及修复过程 4）制定设备修复后的性能验证方法 5）分析设备故障原因并制定防止再发生对策	以制造技术部门为主，以设备管理部门为辅，制定规则及要领并实施培训
设备预防保全故障处置	1）设备预防保全异常处置要领 2）在病例中记录故障及修复过程 3）分析设备故障原因并制定防止再发生对策 4）修订预防保全基准（包括项目、周期等）	以制造技术部门为主，以设备管理部门为辅，制定规则及要领并实施培训
保全技术技能的提高	1）按单台设备梳理设备的各个组成单元的结构特点和控制特点 2）保全人员应精熟每台的特点及特殊点 3）针对设备的特点实施有针对性的维修技能训练 4）维修和预防保全后的经验总结 5）定期修订日常保全和预防保全基准	以设备管理部门为主，以制造技术部门为辅，制定规则及要领并实施培训
在设备保全体系中树立动态保全基准的理念	1）使现场理解保证设备的完好性是保全的目的 2）理解设备出现故障从保全角度的真正含义	以制造技术部门为主，以设备管理部门和制造现场为辅，制定规则及要领并实施培训
根据季度生产量的变化修订设备保全项目和周期	1）产量高的时候意味着设备负荷大，因此设备保全项目和周期应做相应的调整，调整的目标是在保持尽可能低的成本下使设备不发生故障 2）当产量回落时，设备保全项目和周期同样应做相应的调整	以制造技术部门为主，以设备管理部门和制造现场为辅，制定规则及要领并实施培训
设备备件库存量与订购时机的把控	1）当产量提高时，设备的备件消耗也会增加，这时备件的库存量也要增加，反之亦然 2）为了尽可能减少备件库存量，可以改变每次的采购量和采购周期	以制造技术部门为主，以设备管理部门和采购部门为辅，制定规则及要领并实施培训
增产时追加预防保全巡回感官检查	1）当增产时，预防保全的时间会与生产时间发生冲突，这时可以增加以感官检查的方式对生产线设备的状态进行巡回检查 2）利用生产线零碎的时间进行设备的预防保全	以制造技术部门为主，以设备管理部门和制造现场为辅，制定规则及要领并实施培训

部门创新人才培养中长期规划

以丰田汽车公司为例，企业的年度经营方针虽然规定的是各个业务部门在一年内要完成的重点业务内容，但是对于有些部门的具体业务而言，可以计划在一年以上的时间去完成，当然在这种情况下，该部门需要将此项业务以年度为单位分别计划出来，并且在本年度内该业务的成果要有明确的目标。基于此，企业的各个部门依据企业的战略目标和业务开展规划，按照各项业务的不同情况和不同要求，做出对应的人才培养部署，以期使开展业务的人员在接受培养后能出色地完成所开展的业务。

优秀的部门领导总是能够把握和感知企业发展的脉搏，自然也常常能够超前安排本部门的人员接受与未来必然需要的知识和技能有关的能力培养，当然这也可以同时并入部门的创新人才培养规划中。

建立对创新人才培养规划的评价和优化机制

无论哪个行业的企业，其规模如何，要想生存与发展，必须具备迎接随时可能到来的各种挑战的能力。所谓挑战，是指那些应用企业现有的能力不能充分克服所出现的困难的情形。这种情况就需要企业具备另外一种能力，即知识整合的能力，也就是通过整合现有知识形成一种新的解决问题的方法，对于该企业而言，这也可以称为创造力。这种整合现有知识形成新知识和新方法的能力也标志着企业的创新能力。

企业的创新能力来源于对创新人才的培养。进入 21 世纪以来，企业的创新人才培养工作对于企业生存与发展具有决定性作用已经成为一种共识。

企业的创新人才培养工作在年度工作计划中是最重要的工作之一，因此企业每个职能部门在规划其创新人才培养计划时都应该十分重视，应做到具有科学性、严谨性、全面性、深入性和系统性。

（1）科学性

科学性是指部门在设计创新人才培养计划的培养内容时，要与企业战略规划的指向相一致，还要考虑到企业赋予部门本年度经营方针的新任务状况，还有现有业务开展的不满意方面。

一般而言，部门需要开展的来自年度经营方针的业务按其所应用的知识可分为两部分：一部分是利用部门现有知识就可以开展的业务，另一部分是必须应用部门暂不具备的知识才能开展的业务。分析所需知识的性质，对于前者而言，由部门的业务骨干对业务成员开展技能提高的培养工作就可以达成；而对于后者，创新人才培养计划的内容就必须包含创新理论和方法的相关知识，需要专门对业务骨干进行提高创新能力的培养，使他们在面对有更高要求的业务时具有解决问题的能力且更具创造性。

（2）严谨性

严谨性是指在设计创新人才培养计划的培养内容时，部门应通过仔细的分析和权衡后加以确定，这可以从以下三个方面加以说明。

1）企业战略方向和经营范围方面。企业战略方向或经营范围的调整无论程度如何，都表明企业所服务的客户或所满足的客户需求将要发生某种程度的变化，对于新客户和新需求，自然需要企业提供对应的新知识来支持企业战略的这些变化。

2）职能部门年度经营方针内容的解读方面。在企业赋予职能部门年度经营方针内容的解读上，职能部门需要付出相当大的努力，要解读得深入和细致。深入是指解读经营方针的内容应能够达成目标要求，细致是指解读经营方针的内容没有遗漏。这些要求不仅体现在每一项业务本身上，而且更重要的是要体现在不同业务模块之间的衔接区域（也称灰色地带）上。

3）对过去一年的年度经营方针执行结果的反省方面。企业对已经开展过的业务经常进行总结和反省，是企业不断进步的基础。各职能部门在依照企业部署的年度经营方针开展业务时，有时并不能在方针部署的各个方面都能达到预期目标，也会时而出现某一方面未达标的现象。这种情形的出现，会使部门快速意识到并快速发现自身知识的短缺环节，进而进行积极地补充。

所谓某一方面业务开展没有达到预定目标，本质上是部门在开展这一业务方面所需要的知识和能力不足，是上一年度培养计划或考核方法存在不足的反映，也是本年度方针业务分解与所需准备的知识在知识充分性评估方面出现了误差。

在设计本年度创新人才培养计划内容时，企业应对上一年度业绩不满意的业务方面，分析原因并确定消除原因所需要的知识，然后将其追加到本年度的培养内容之中。

(3) 全面性

全面性是指在解读经营方针的内容方面要有覆盖性，对于经营方针所部署的内容不能有任何遗漏。有时职能部门在解读经营方针内容时经常容易出现这样的问题，即他们时而会按照自己部门现有人员的知识和能力情况来考虑方针内容和开展的程度，这将容易导致实际开展的业务不足以支撑方针要求开展的业务。因此，职能部门在解读经营方针时，首先要深入理解方针内容的内涵、边界，必要时寻求上级部门的指导，其次要理清为了达到方针目标，本部门需要开展业务的人员数量以及他们需要具备的能力等因素，这就为部门制定创新人才培养计划提供了充分的依据。

(4) 深入性

深入性是指在解读经营方针的内容方面，部门要探索本年度开展的业务与上一年度所开展业务的接续性，换句话说，上一年度依据经营方针开展的业务到了本年度不仅不意味着终止，反而要持续开展该业务或按更高标准要求继续开展该业务。因此，在考虑本年度将要开展的业务时，部门需要基于上一年度的业务水平进行。反过来说，如果部门只顾及从本年度经营方针部署的任务来开展业务，而没有充分评估和利用上一年度业务的基础与衔接，那么这将增加达成本年度经营方针目标的不确定性，如图 5-1 所示。

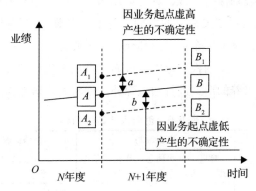

图 5-1 相邻年度经营方针衍生的年度业务衔接示意图

在图 5-1 中，A 表示上一年度（即 N 年度）的业绩结果，那么本年度（即 $N+1$ 年度）的业务起始基础就应该在 A 点的位置，否则，无论将 $N+1$ 年度的业务起点设在虚高位（即 A_1）或者虚低位（即 A_2），开展 $N+1$ 年度的业务时都会产生相应的不确定性 a 或者 b。

（5）系统性

系统性是指在解读经营方针的内容时，部门对于某一方面内容要进行分解，直至所达层次的内容便于实施。另外，不同方面内容的目标之间也会存在某种逻辑或秩序。其中，方针中单项内容反映的是方针部署的某一侧面的业务，而方针全项内容综合反映的是方针的整体情况。这种将经营方针按单项内容向纵深细节层次解读和向横向不同内容解读的做法，就体现了把握经营方针内涵和要求的系统性，这些信息对于部门依据年度经营方针部署的业务进行年度创新人才培养计划具有重要参考价值。

5.3 创新人才培养内容、措施和步骤

企业创新人才培养包含培养内容、措施和步骤。

（1）培养内容

创新人才培养确定培养内容主要围绕企业的发展战略和年度经营方针进行，包括需要做什么和做到什么程度。这样就确保了企业知识与能力的增长方向与企业战略规划保持一致，具有聚焦和引领的作用。另外，容易被企业忽视的事情就是对于"失败"的发掘。对于"失败"，要发掘什么，要发掘到什么程度，这也是鉴别企业实力和能力的重要标志。企业对于"失败"的发掘主要是发掘其产生的根本原因，进而发掘出发生该"失败"所欠缺的知识，然后以人才培养的形式进行知识弥补。创新人才培养内容见表 5-6。

表 5-6 创新人才培养内容

序号	内容	内容说明	被培训者	备注
1	·通识知识	侧重于企业理念、文化、基本知识、方法等	新入职人员和年轻工程师等	基本层
2	·专业知识 ·创新知识	侧重于规则、标准、案例等	年轻工程师和中坚骨干等	中间层
3	·专业新增 ·专业补充 ·创新知识	未来 3～5 年需要的新知识和新技能	骨干工程师和企业顶级人才	专家层

(2）培养措施

在实施创新人才培养计划时，企业应设计符合自身条件且适宜的培养措施，其目的是更好地将计划的培养内容向受众传递，并使之能够接受和愿意接受。这属于培养过程的内容，与师资选择、受众基础、培养内容、讲授手段、教学环境与方式等都有极大的关系。

(3）培养步骤

创新人才的培养步骤是指为了达到培养目标，将与培养有关的所有内容划分出若干部分，然后依次进行。制定培养步骤时，一方面要分析每一步骤之间的相互关系（比如下一步骤以上一步骤为基础），另一方面还要有相关的经验。一般而言，企业制定创新人才培养的步骤如下。

1）分析培养需求。前面已经讲到，企业创新人才培养的需求主要来自三个方面：其一来自企业的战略规划，它以向各个职能部门部署经营方针的形式体现，指明了所要培养的创新人才类型的方向；其二来自对于经营方针内容的解读，就是需要增加什么样的新知识和新能力，以及依据业务量的变化需要增加多少人才；其三是从"失败"解析而得知的需要弥补的缺失知识。

常常有这样获取培养需求的企业，它们会向各个职能部门征集需求，即职能部门会向部门内的个人征询意见，最后汇集到人力资源部门。这种做法的缺点是显而易见的，首先各个职能部门反馈上来的培养需求考虑的观点、层次各异，甚至一个部门内的培养需求都难以体现其核心思路；其次各个职能部门上报需求时间漫长，甚至潦草应付，有时还出现提不出需求的状况。

2）描述培养目标。培养目标是指对培养活动所期望的预期成果。为了人才培养整体工作的有效管理，整体培养计划需要设定培养目标，当然，在时间上，整体计划分阶段进行的阶段性人才培养计划也需要设定分阶段的培养目标；在培养内容上，可以按难易程度或知识的等级程度进行设定。但是，无论是时间阶段划分还是培养内容设定，都应确保与本年度要开展的总体业务的时间规划保持一致。培养建立在分析培养需求的基础上，分析培养需求明确了开展业务人员（受众）所需获取的知识或提升的能力，需要注意的是，培养目标在确立时要具体，尽可能量化且可以测量。

有了培养目标，教与学才会有方向和动力。所以，确定培养目标是人才培养必不可少的环节。确定培养目标的作用可以表现在许多方面，例如：

①能满足企业发展战略规划、管理者、被培养者和企业各方面的需要；

②协调培养的目标与企业战略目标相一致，使培养目标服从企业发展目标；

③帮助被培养者理解其需要培养的原因，进而帮助其理解将来应该怎样应用所学知识更好地开展业务；

④有助于明确培养成果的大小和类型；

⑤为培养的结果提供了评价的基准；

⑥能指导培养政策及其实施过程；

⑦为培养的组织者确立了必须完成的任务。

3）设计培养内容。培养的目的就是开展既定业务和达到既定目标。因此，职能部门的创新人才培养计划中培养内容的确定也必须围绕企业部署的年度经营方针展开，必须依据培养需求分析的结果来筹措合适的培养内容。

对于人才培养的实施工作，如果企业打算由自己内部进行，就要确定具体的培养项目、培养内容和日期，同时培养师资、场地、教材等都需要准备妥当。

4）安排培养次序。当某一段时间内有较多的培养工作需要进行时，企业需要建立一个标准来对培养任务进行排序。对于紧急的和重要的培养任务，企业要提高其优先度，关键是如何理解"紧急"和"重要"的含义。

紧急意味着距离应用待培养知识的时间是短暂的，甚至是刻不容缓的。比如，已经发生的"失败"等待纠正的时候，将要开展的业务存在个别环节不知如何进行的时候等。

重要意味着该培养涉及的知识和能力对应的业务状况对于完成该业务的影响程度具有决定性作用。随着业务的开展，所需要的知识必须随时获取到位。

对此，不加合理研究和判断，简单归结为让领导决定其排序和重要度的做法有时会损害人才培养效果，最终会对业务开展产生不良后果。

5）设计培养方法。所谓培养方法，就是指培养讲师采用的知识传授的手段和措施，其目的就是使学员容易理解和愿意接受所学的知识，并最终达到培养目标。

培养方法应根据培养内容不同、学员知识背景不同而异。例如，对于操作工（或技能人员）的培养，最好结合现场的实物对培养内容的要点进行讲解，阐述需要他们掌握的知识，提醒他们可能忽略的关键点；对于事务人员（如采购人员等）的培养，需要结合与他们息息相关的事例来讲解，以使他们掌握所学的新知识，并且给他们留出提问的时间；对于各部门主管的培养，可以进行集中培养，如果只是让他们提升领导能力，那么可以选择案例分析法，在课堂中以角色扮演的形式来分析案例，解决其中的问题，从而达到传授知识的目的。需要注意的是，不管是哪一类人员的培养，针对要传授给他们的知识，一定要抽出精髓，让他们必须以此覆盖或者增加以往的认知，因为这个精髓的知识正是本年度在某一业务方面要用到的关键理念、知识或方法。

实施培养的组织方式取决于培养的时间条件。例如，如果某一类人员的培养拥有时间条件，就可以采用一定时间长度的连续培养；如果只有不长的可用时间，就打造短而精的培养课程；如果没有集中的时间，就可以采用在工作中培养的方式。不管针对哪一类人员，采用哪一种培养方式，都需要将培养过程的细节考虑周全，否则将会影响培养效果。

6）设计评估标准。事实证明，企业对于创新人才进行持续和有规模的培养要有相当的投入，包括时间、场地、资金、人力（学员和师资）等，另外，培养的成果是与年度开展的业务紧密相关的。因此可以说，企业开展的培养工作成功与否，将直接关系到企业战略规划实施的成败，关系到企业竞争地位的高低。

基于企业创新人才培养工作的重要性，企业在策划创新人才培养计划时应科学、严谨、全面和深入，应能反映出企业战略规划的内涵，符合企业自身发展的需求。企业设计的培养内容对于年度方针要求和接受培养的学员具有适宜性，同时培养结果与最初的培养目标具有有效性。

重要的是，创新人才培养规划实施方案在策划阶段就应该进行充分的评估，对不合理的地方予以修正。培养计划的实施阶段也要对中间结果进行评估，对于需要改进之处及时纠正，以确保培养目标的实现。

在进行创新人才培养规划评估时，企业可以选择有资质的内部专家，也可以选择外部专家，通常以内部专家为主。

在进行创新人才培养规划评估时，培养内容、培养时间、场地、学员组成、教师、教材、教学方法、试卷及成绩等都是评估的内容。

5.4 建立创新人才培养评价体系

为了支撑企业的战略实现和稳固的竞争优势，企业在打造强大的产品研发和产品生产体系的同时，也要打造一个强大的创新人才培养评价体系，两个体系相当于助推企业腾飞的一对翅膀，缺一不可。相对而言，企业强大的创新人才培养体系具有更加重要的地位。

5.4.1 依据培养目标设计评价标准

企业创新人才培养是为实现企业战略提供支持和保障的，因此在设计创新人才培养目标时，必然是以企业战略目标和年度经营方针目标为依据。为了确保企业规划的创新人才培养体系达到人才培养目标，企业首先要针对人才培养体系设计出创新人才培养体系评价标准，该标准根据企业发展的实际情况和竞争需要可以包括以下方面内容。

1. 建立清晰、明确和文件化的创新人才培养体系

所谓创新人才培养体系，是指为了有效提升企业各类业务人员的创新能力，将培养过程所必需的课程理念、课程体系、教学内容、培养方式、教材建设、教学评价、制度机制等单元要素，按照一定的逻辑关系形成的有机整体。

2. 有明确的创新人才培养的重点理念

① 通过个人能力的提高来推进企业的发展和社会的发展；
② 使每个人都有机会得到能力提升；
③ 关注个人的能力潜力，不错失能力提升的机会；
④ 重视基础理论知识的学习，不断提升个人的基本素质；
⑤ 强调良好的道德素质。

3. 设计完善的课程体系

创新人才培养的主要载体是课程体系。课程体系主要由教师、教材、学员和环境等要素组成，由于这些要素都具有变化的属性，因此也构成了一种可以交流和反馈的生态系统。其中，教师可以从企业内部的教师库里选择出适合培养内容的师资；教材（对于企业来说，应以自编教材为主）和培养时长应由教师根据学员的基础能力状况和培养目标状况来确定；学员的确定应以年度经营方针规定的业务为依据，同时考虑其能力的状况来选择，学员在课程体系中属于核心要素，学员的能力在接受培养后作为创新人才培养过程的输出应达到创新人才能力的标准，应具有创新意识、创新精神、创新思维、创新能力，并能够取得创新成果；环境主要指对于达成培养目标有显著影响的诸多要素（例如物理环境要素和精神环境要素）。

4. 应用适宜的培养模式

传统人才培养方式通常是以教师为中心，侧重于在课堂进行，培养内容也偏重理论，实践环节相对较少，学员处于被动接受的地位，这样会影响学员将知识转化为创新意识与创造能力的主动性和成效。

创新人才培养模式的课程理念和培养方式更强调学员的主体地位，在很多情况下，不仅师资来自他们当中的优秀者，而且教学内容、案例也取自他们工作中的实际内容，这有助于他们理解那些能帮助其提升创新思维能力和创造力，但掌握起来有难度的创新理论与方法。另外，该模式强调基础课程学习，突出实践培养环节，突出在"做中学"和"学中做"，促进创新人才的全面发展。

5. 实施培养效果评价

创新人才培养是人力资源部门管理的重要内容，通过培养的员工，其专业能力和创新能力都得到了相应提高，以此为完成年度经营方针的业务提供保障，也为增加或维持市场竞争优势提供支持。

培养效果评价的目的是从获得的培养结果来查找培养过程中存在的问题、问题的关键原因，并依此制定纠正和预防措施。这里的评价对象是接受创新人才培养的员工（学员）。

培养效果评价通过不同的评价方法评价培养目标的达成度，并依此判断创新人才培养体系的有效性。培养效果评价方法早期可以追溯到20世纪50年代，经过半个多世纪的发展，经历了从定性评价到定量评价，从分层次评价到分阶段评价等过程，比如分层次评价主要包括唐纳德·L.柯克帕特里克（Donald L. Kirkpatrick）的四层次培训评价模型、考夫曼（Kaufman）的五层次评价模型、菲利普斯（Phillips）的五级投资回报率（ROI）模型等。其中，柯氏的四层次培训评价模型直到现在仍然是世界上最经典、应用最广泛的培训评价工具，在培训评价领域中一直占据着主导地位。四层次培训评价模型对培训的评价主要从两个方面进行：一是个人能力在参加培训之后是否有所提升；二是提升的个人能力对组织整体的绩效提升是否有所帮助。该模型从表5-7所示的反应层次、学习层次、行为层次和结果层次进行培训评价[1]。本书也主张应用该模型对培训效果进行评价。

表5-7 四层次培训评价模型

层次	评价内容	评价方式
反应层次（Reaction Level）	被培训者满意度评价：受训人员对培训项目的主观感受，包括对培训方式、教师等的评价和建议	问卷调查、座谈、访问
学习层次（Learning Level）	学习获得程度评价：受训人员对所学知识的理解和掌握程度、技能提升情况的评价	知识笔试、绩效考核、案例研究
行为层次（Behaviour Level）	知识运用程度评价：培训结束后，受训人员是否能在实际工作中运用所学知识、技能，以及工作态度有无变化	由上级、同事、用户、下属等进行绩效考核与绩效记录
结果层次（Results Level）	计算培训创出的经济效益：受训人员是否提高了工作效率，是否为组织发展做出贡献	考察业务指标达成度、业务失误件数等

（1）反应层次

该层次即受培训人员对培训项目的反应和评价，是培训效果评价中的最低层次。它包括对培训师资、培训管理过程、测试过程、课程内容（包括教材）、课程结构等的满意程度和看法。

反应层次的评价是指在培训刚结束之后，培训学员对于培训项目的主观感受。其特点是信息获取容易、直接而且是最基本、最普遍的评价方式。这个评价主要关注的是学员对于培训项目及其有效性的感知。

反应层次评价的主要内容包括两个方面，即培训课程内容方面和培训课程组织方面，具体见表 5-8。

表 5-8 反应层次评价的主要内容

培训课程内容方面		培训课程组织方面	
序号	内容	序号	内容
1	培训目标是否合理明确	1	整体培训过程的组织是否周密细致
2	培训内容是否适用	2	培训环境是否满足培训要求
3	培训教材是否适宜	3	是否明确学习过程问题的反馈渠道
4	培训方法是否适当	4	是否规定学习困难学员的对应方法
5	培训师资讲授知识的亲和力和表达力	5	其他方面的支持和保障
6	培训时长是否适当		
7	实践和设施是否充分有效		
8	对于知识掌握有无记录		
9	对于技能提高评价方法是否适当		
10	对于技能提高有无记录		

反应层次的评价在培训结束后可以采用问卷调查、小组座谈等方式，然后根据收集的信息形成创新人才培养评价报告。

（2）学习层次

该层次的评价反映受培训人员对培训内容的掌握程度，主要测定学员对培训的知识、技能和态度方面的了解与吸收程度等。学习层次评价是目前最常见、也是最常用的一种评价方式。培训组织者可以通过笔试、绩效考核等方法来了解受训人员在培训前后，对知识和技能的掌握和提高的程度。

（3）行为层次

该层次是测量在培训项目中所学习的知识和技能的转化程度。学员的工作行为有没有得到改善，这是为了记录学员是否真正掌握了课程内容并运用到了工作中。行为层次的评价往往发生在培训结束后的一段时间，由上级、同事或客户观察受训人员的行为在培训前后是否有差别，他们是否在工作中运用了培训时学到的知识。这个层次的评价可以包括受训人员的主观感觉、下属和同事对其培训前后行为变化的对比，以及受训人员的自评。这种评价方法要求人力资源部门建立与职能部门的良好关系，以便不断获得员工的行为信息。培训的目的就是要改变员工工作中的不正确操作或提高他们的工作效果，因此，如果培训的结果是员工的行为并没有发生太大的变化，那么过去的培训效果是不充分的。

（4）结果层次

该层次用来评价上述（反应、学习、行为）变化对组织业绩的提高是否带来可见和积极的作用，即组织是否因为培训而经营得更好了。这可以通过一些指标来衡量，如事故率、生产率、员工流动率、质量合格率、员工士气、企业对客户的服务等。通过对这些组织指标的分析，企业能够了解培训带来的收益。例如，人力资源开发人员可以分析比较事故率，以及事故率的下降有多大程度归因于培训，从而确定培训对组织整体的贡献。

该层次的评价需要的费用、时间都是最大的，是培训效果评价的难点。

6. 创新人才培养的保障机制

（1）政策保障机制

企业为了达到更好地培养创新人才的目标，应当大力完善政策保障机制，通过切实有效的政策指导来促进各个职能部门主动开展一系列创新人才培养活动。首先，企业应当加大创新政策的产生和落实力度，企业人力资源部门主导构建创新人才培养体系，鼓励各个职能部门基于企业年度经营方针部署的业务需求，积极开展创新人才培养工作。其次，企业应该倡导创新文化，形成浓厚的企业创新文化氛围，以促进创新人才培养的全面展开。

（2）方法保障机制

企业开展的各项业务都是企业行为的具体体现。为了引导各项业务前沿工作者创造力的发挥，企业应该对各项业务开展中发挥创造力的工作结果进行定期评价，以此来明确每个人的创新能力和贡献，并据此表彰。

5.4.2 创新人才培养模式评价

企业的创新人才培养模式因企业的发展理念、战略定位和企业文化的不同而不同。采取保守和跟随发展策略的企业，鉴于注重低风险发展的特性，一般其制定的战略目标基于自身的过去状态，新目标的特点是挑战性不强，而且对于新目标而言，基本不需要大量新知识和新技能，只需要延伸已有工作方法便可实现目标。此类企业的人力资源部门按照自己制定的规划对不同部门的人员进行培训，而后将培训的结果录入企业的"创新人才库"备案。而各个职能部门为了更好地开展业务，便依据自己确定的目标进行创新人才培养。由于各个部门不能提出相互关联且鲜明的创新人才培养目标，往往会使创新人才培养过程趋于碎片化，其结果是创新人才的规格、类型各异，这对于业务部门实施高效的协同工作是不利的。

采取激进和引领行业发展策略的企业，它们更注重在创新中获得发展的机会，为了使每一时期、每一项业务的开展都具有挑战性，企业制定的战略目标并不是以自身过去已取得的业绩为全部基准，常常还要以国内或国际上更强大的企业业绩为参考基准而综合制定，这样的目标超出了使用企业现有能力能够胜任的范围。对于这样具有严峻性和挑战性的目标而言，作为企业业务有机组成部分的人力资源部门，创新人才培养工作和培养规划就自然会有科学性、严谨性、系统性、覆盖性等要求。各个职能部门在企业人力资源部门的统一安排下，按照各个职能部门开展业务的实际需求而对部门员工进行相应内容的培训。这种培训富有针对性，属于各个职能部门开展业务的先期准备工作，因而会得到部门的积极响应，接受培训者通过培训收获的新知识和新技能也能在本部门开展业务过程中得到全面应用。这为其后对于创新人才培养有效性的评价也创造了条件。

由于各个部门的创新人才培养方案是由企业人力资源部门根据年度经营方针部署给各个职能部门的年度业务来统筹安排的，因此通过创新人才培养得到预期类型和规格的创新人才是易于实现的，同时为这些创新人才开展跨部门业务打下了坚实的基础。

5.4.3 创新人才培养内容评价

人才培养工作是企业长期工作的内容之一。企业在进行创新人才培养时，内容可参照表 5-6 进行设置。

企业在对创新人才培养内容进行评价时，可以按照人才成长的规律分层次进行，如基本层、中间层和专家（大师）层。

基本层的人员主要由新入职的员工或入职不足 2 年的人员组成。这部分员工的培训目标是以尽可能快的速度使他们融入企业中来，让他们了解企业的发展历史、目前的竞争地位、面临的挑战和机遇、企业对他们的期望以及他们肩上的责任。换句话说，就是让他们通过培训产生内心动力，懂得约束自己朝着什么方向发展和努力。对于基本层人员来说，由于他们会盼望着尽早成为业务骨干并为此发挥自己的作用，因此这个阶段可以适当教授给他们一些常规的业务处理方法和对待业务开展的思考方法。这里的培训讲师可以采用由部门领导指定和企业人力资源部门备案的方式进行，而培训教材需要由企业人力资源部门统一开发和配给。这个阶段之所以对培训教师和教材有非常严格的遴选和控制，是因为这是新员工思维基础和方法基础，或是企业文化的传承打下坚实和正确基础的时刻。

中间层的人员在各个职能部门中有的是年轻的工程师，有的已经成为业务的准骨干或骨干。他们业务能力强，精力旺盛。这部分人员有一部分已经成为企业的人才或者企业的业务骨干。

这部分人员的培养目标主要是继续提高他们的业务能力、创新能力和职业素养。也就是在业务方面，多学习和掌握业务的规则、标准和企业的优秀案例；在创新能力提高方面，选择优秀的讲师对他们进行创新理论与方法的培训，以培养他们的创新能力；在提高职业素养方面，通过培训不断提高其敬业精神和团队合作意识。

专家层（有时也称为大师层）的人员是各个职能部门中的业务带头人，他们既有扎实雄厚的专业知识和专业技能，也有一定程度的创新能力。

这部分人员的培养目标和期望如下。

（1）企业业务的领头人

企业业务的领头人是指他们的业务能力在本行业中处在前列位置，在企业的业务难题攻关过程中居于核心位置。

（2）培养中间层人才的师资

培养中间层人才的师资是指他们对于知识传授、知识"迁移"的方法和能力提升的途径具有独到的能力，能够高效促使中间层人才的快速成长。

（3）企业核心技术的发掘者

企业核心技术的发掘者是指他们在开展业务过程中能够总结出对于增强企业竞争力有帮助作用的关键性技术。

（4）企业创新的带头人

企业创新的带头人是指他们善于使用新的思维和方法开展业务，从而带领他人获得更好的业绩。

（5）未来业务方法的探索者

未来业务方法的探索者是指他们针对企业未来的发展战略目标可能要开展的业务难点进行探究性工作。对未来可能的业务难点进行研究，找到完善的解决方法，往往需要深厚的专业知识、专业技能和创新思维，而这些工作的成果正是企业竞争力得以延续的根本。

（6）过去失败业务的探查者

过去失败业务的探查者是指他们针对过去开展业务过程中失败环节潜在原因的探查、追溯与分析，这是改进和完善现有技术和方法不可缺少的关键业务。

（7）典型案例的组织者和总结者

典型案例的组织者和总结者是指他们将已成功开展的业务所用到的过程和知识以业务报告或业务典型案例的形式进行总结和归纳，这种对于已验证的成功知识进行记载和留存的做法，为进一步形成企业新的业务规则和标准提供了素材来源。

从上述对于企业专家层的培养目标可以看出，企业专家层相应知识和能力的培养需要企业人力资源部门和所有职能部门一起规划相应的培养模式和培训内容，并需要严格跟踪每一个培养环节的实施效果。

5.4.4 实施评价并得出结论

企业对创新人才培养体系实施评价的目的是使培养体系更为有效。不管采用什么样的评价方法，其指导方针总是通过找出人才培养过程中存在的不足，进而改进，从而使其更加规范、更加适宜、更加高效和更加节约。

创新人才培养体系实施评价前，评价指标的设计是重要的，这需要在深刻理解评价理念和目的的前提下进行。另外，在按照所设计的评价指标对创新人才培养体系的各个组成环节进行评价时，量化的评价分值应克服干扰因素，力求客观公正，这是之后改进和提高的基础。

参考文献

[1] 柯克帕特里克 D L，柯克帕特里克 J L. 如何做好培训评估 [M]. 林祝君，冯学东，译. 北京：电子工业出版社，2015.

Chapter6 | 第 6 章

智能制造及其人才培养

  制造是人类社会创造产品和物质活动的基础，包括设计、加工、装配及服务等整个产品生产链和创新链，是国家综合实力、产业竞争力、安全和可持续发展的基石。没有先进的制造技术与强大的制造能力，就没有国民经济的可持续发展。打造具有国际竞争力的制造业，是我国提升综合国力、保障国家安全、建设世界强国的必由之路。

  目前，全球制造业格局正面临重大调整，新一代信息技术与制造业不断交叉与融合，引领了以智能化为特征的制造业变革浪潮。智能制造是当前制造技术重要的发展方向，是先进制造技术与信息技术的深度融合。通过对产品全生命周期中设计、加工、装配及服务等环节的制造活动进行知识表达与学习、信息感知与分析、智能优化与决策、精准控制与执行，智能制造实现了制造过程、制造系统与制造装备的知识推理、动态传感与自主决策。智能制造在制造各个环节中通过模拟人类专家的智能活动，进行分析、判断、推理、构思和决策，以取代或延伸制造环境中人的部分脑力劳动，将制造数字化、自动化扩展到制造柔性化、智能化和高度集成化，是世界各国抢占新一轮科技发展制高点的重要途径。

智能制造包含制造对象的智能化、制造过程的智能化和制造工具的智能化三个不同层面，如图6-1所示。制造对象的智能化，即制造出来的产品是智能的，如智能家电、智能汽车等智能化产品。制造过程的智能化，即产品的设计、加工、装配、检测、服务等环节都具有智能特性。制造工具的智能化，即通过智能机床、智能工业机器人等智能制造工具，实现制造过程的自动化、精益化、智能化，进一步带动智能装备水平的提升[1]。

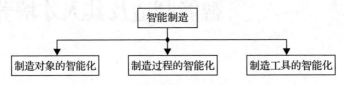

图 6-1　智能制造包含的层面

6.1　我国制造业的发展阶段和特点

制造业是国民经济的基础工业，是影响国家发展能力和水平的决定性因素之一。自瓦特发明蒸汽机以来，制造业经历了机械化、电气化、电子信息、工业4.0四次技术革命，每一次技术革命都有其显著的特点。制造业的发展历程见表6-1。

表 6-1　制造业的发展历程

发展阶段	时间	发生地	里程碑	主要成果
机械化	1760—1869	英国	以水力、风力和蒸汽机动力取代人力和畜力	机器生产代替手工劳动，社会经济基础从农业向以机械制造为主的工业转移
电气化	1870—1967	美国	以电力驱动逐步取代水力、风力和蒸汽机动力	其一，在劳动分工基础上采用电力驱动的大规模生产；其二，企业管理革命
电子信息化	1968—2010	美国 德国 日本	以电子和信息技术为代表的新技术结合	其一，电子计算机与信息技术的广泛应用，使得机器逐渐代替人类作业；其二，精益生产方式
工业4.0	2011—现在	德国 美国 日本 中国	网络和智能化	其一，实现制造的智能化、个性化和集成化；其二，深化生产方式变革

6.1.1 我国工业革命的发展阶段和特点

众所周知,由于历史原因,我国错过了第一次工业革命和第二次工业革命。改革开放以来,我国开始腾飞,几乎是以每十来年完成一场工业革命的速度,一路追赶过来。

从20世纪80年代到90年代初的十多年,我国通过大力发展乡镇企业,完成了以纺织业等轻工业为主的第一次工业革命。

从20世纪90年代初到21世纪初的十多年,我国大致完成了以电力、内燃机、家用电器、石化工业和中高端基础设施等为主的第二次工业革命。

对于加快第二次工业革命进程有重要影响的因素之一就是2001年我国加入WTO(世界贸易组织)。我国加入这个全球最大的多边贸易组织,促进了各种生产要素和产品在世界范围内的流通和配置,为我国产品开辟了有史以来最广阔的市场。之所以把我国第二次工业革命基本完成的时间定在2010年左右,是因为以下两个指标:一是到2009年,我国的钢消费量已占据世界总消费量的50%,铜消费量占36%,铝消费量占41%;二是2010年我国超越美国,成为世界最大的制造业国家。

我国的第三次工业革命几乎与第二次工业革命同时爆发。如果我们以我国首次获准接入互联网的1994年为起点来算的话,以信息化和通信产业为代表的这场工业革命在我国进展迅速,我国起初是追跑,然后是并跑,最后在部分领域中开始领跑,到今天应该说在某些领域已经成为佼佼者。

如今,以大数据、人工智能、量子通信等为代表的第四次工业革命正极大地改变人类生活和工作的方式。应该说,我国已处于这场新工业革命的"第一方阵"。我国目前在通信、移动支付等方面都处于领跑的地位,"整个中国连起来了,整个中国快起来了,整个世界连起来了","一部手机,全部搞定",世界上只有中国一个国家率先做到了[2]。

我国工业革命的特点如下:

1)采用了和平与文明的方式。我国崛起的最大特点就是和平与文明,我国在最短的时间内实现了最多人数福祉的提高,成为带动整个世界经济增长的火车头。

2）工业革命的并行发生。西方国家从第一次工业革命到第三次工业革命跨越了近250年的时间,而我国仅用了40多年的时间,因此相邻的两次工业革命总是交叠发生的,后面的阶段以前面的阶段为基础,在少数领域甚至是同时发生的。

3）采用了符合国情的"稳健改革模式"。邓小平提出,不照搬西方,不照搬其他社会主义国家,也不放弃自己的优势。我国在这"三不"的基础上大胆探索体制创新,大胆学习和借鉴别人的长处,同时也发挥自己的优势,逐步形成自己的发展模式,也可称为"稳健改革模式",其最大特点是大规模经济改革,辅之以必要的政治改革,为经济改革铺平道路,最终落实到民生的显著改善。

6.1.2 我国制造业的特征和优势

6.1.2.1 我国制造业的主要特征

1. 综合实力大幅提升

世界制造业第一的大国地位更加巩固。据美国咨询机构 HIS（环球透视）公司报告显示,2010年我国制造业占全球制造业比重达19.8%,超过了美国的19.4%,位居世界第一。2014年,该值达22%,继续拉大与其他国家的距离。

2. 产业技术创新能力显著增强

企业技术创新的主体地位进一步提升,2015年我国企业研发经费达1.1万亿元,占全社会研发经费支出的比重为77.4%,已成为仅次于美国的世界第二大研发经费投入国家,研发经费支出占国内生产总值的比重达2.10%,达到中等发达国家水平。

3. 产业空间布局持续优化

产业集聚集群发展成效明显。企业兼并重组效果逐步显现,产业组织结构进一步优化。汽车、钢铁、集成电路、稀土、婴幼儿配方乳粉等重点行业的兼并重组进程明显加快,行业集中度不断提升。例如,2014年6月,我国汽车销量前十名的企业（集团）生产集中度达90%,电解铝行业前十家企业产量占总产量的68%。

4. 国际化发展水平不断提高

优势行业国际产能合作快速推进。"一带一路"的实施,为我国装备等优势行业"走出去"提供了广阔的市场机遇。2015 年,我国企业对"一带一路"沿线相关的 49 个国家的直接投资额达 148.2 亿美元,同比增长 18.2%。交通运输设备、电力设备、通信设备等优势领域对外投资增幅迅猛,2015 年累计达 116.6 亿美元,同比增长 80.2%。例如,在轨道交通装备领域,凭借先进的技术和成本优势,我国企业已获得土耳其、巴西、印度、美国等多国订单;核电装备企业顺利进入英国、罗马尼亚等国家,成为中国制造的新品牌。

6.1.2.2 我国制造业的优势

1. 进入中高速增长的新常态

近年来,我国制造业发展进入新常态,增长速度从高速转向中高速,发展方式从规模速度型转向质量效益型,结构调整从增量扩能为主,向调整存量、做优增量并举转变。

2. 多领域交叉融合催生大量新业态、新模式、新产业

新一代信息网络技术与传统产业的深入融合,推动新业态、新模式、新产业加速涌现,正引领全球经济增长方式的转型。

3. 产业提质增效升级步伐加快

"十二五"期间,我国制造业坚持稳步发展,规模不断扩大、提质增效升级加快、实力显著增强,已经站在新的历史起点上。

(1) 产品质量提升

从国家监督抽查结果看,2011 ~ 2015 年国家监督抽查合格率分别为 87.5%、89.8%、88.9%、92.3% 和 91.1%,质量水平总体呈现波动上升态势。

(2) 制造业效益不断提高

随着要素条件出现新变化,出于转型升级、提高竞争力的考虑,企业技术创新、产品创新、商业模式创新、组织形式创新的步伐明显加快,机器和技术替代劳动力的现象变得更加普遍,企业提质增效的努力持续加大。

(3) 产业升级步伐加快

围绕结构调整与转型升级这一主线,我国在工业产品结构、技术结构、

组织结构、布局结构等方面进行了积极调整，产业提质增效成效显著。

6.1.2.3　我国制造业的改进方向

1）强化自主创新能力。关键核心技术受制于人，仍然是当前我国制造业面临的突出问题。虽然我国研发投入连年递增，但是研发投入强度与世界制造强国相比仍存在较大差距。创新投入及技术积累的不足，导致我国关键核心技术对外依存度较高，因此，我们要强化自主创新能力。

2）加强产品质量建设。产品质量整体水平有待提高。我国很多产品在质量安全性、稳定性和一致性等方面还与国外有差距，这直接影响到"中国制造"的整体形象和国际竞争力。因此，我们要加强产品质量建设。

3）提高资源和能源的利用率。工业能耗物耗水平仍然偏高。长期以来，我国的粗放型发展模式导致能源资源利用率偏低。据英国 BP 公司统计，目前我国单位 GDP 能耗大约为世界平均水平的 1.9 倍。因此，我们要提高资源和能源的利用率。

4）深化两化融合。我国的信息化建设已从初级和局部应用为主向中产级和全局应用转变。我国已开始步入制造业与信息技术全面综合集成，以数字化、网络化应用为特点的新阶段，但我国大部分地区和行业仍处于信息化低端应用为主的阶段，面临集成应用困难、智能装备不足、组织结构僵化、流程管理缺失等挑战。因此，我们要继续深化两化融合。

6.2　辨识智能制造的认知误区

6.2.1　不能将自动化制造当成智能制造

6.2.1.1　什么是自动化

许多企业认为，引入了智能化装备、生产线，因为其具有高度的智能特性，所以就不需要生产线上的员工了。可以看出，持有这种观点的人尚没有分清智能化和自动化的区别。

自动化在工业 2.0 时期就已经出现，到工业 3.0 就更加普遍。自动化是指在生产线上由机器要素替代人员要素的程度，替代的程度越高，自动化程度就越高。但问题在于这样的自动化程度再高，也难以满足变化的客户需求。

智能化的本质并不要求去人员化，而是追求如何以最经济的方式最大限度实时地实现客户的最大价值。

这里的"自働[注]化"与一般所指的自动化概念完全不同，在这里做一下特别说明。丰田生产方式的两大支柱，一个是JIT，另一个就是"自働化"。"自働化"的精髓在于将人在生产过程中对于工序生产条件和工件合格与否的检查功能赋予设备。"自働化"的作用是一旦有影响现场运营目标达成的条件发生异常，或者有不合格品出现时，就会使设备或者生产线自动停止并自动报警。由于设备的"自働化"功能能够代替人的检查功能，因此可以减少生产线的作业人员数，进而提高生产线的生产效率。然而，这是"自働化"的全部含义吗？

"自働化"的本意的确是使设备自身拥有像人一样的检查功能，从而在避免产生批量不合格品的同时，也可以减少作业人员数，即提高质量和生产效率。

事实上，"自働化"就是在20世纪五六十年代由日本丰田汽车公司提出的用于提高产品质量和生产效率的有效方法。从智能制造的角度来看，"自働化"是较早出现的智能制造的案例，因为"自働化"的实质就是将人的检查功能赋予设备，即让设备具有像人一样的检查功能，也就是使其可以替代人来进行检查工作，由于设备具备了"智能"的功能，因而节省了人工。

许多学习和效仿"自働化"的企业，仅仅学习了"自働化"的表面功能，而在其表层检查功能之下的深层功能，诸如分析产生问题的原因、根除问题的原因、改进原有产品制造条件、产生新知识等这些更有价值的环节却鲜有人问及。如果没有后面的内容跟进，"自働化"也就只剩发现问题的作用了。"自働化"的功能在于将深层的问题表面化，将不可见的问题显现化，然后通过不断改进，从根本上解决问题。从此可以看出，"自働化"就是降低达成目标不确定性的有效方法。

6.2.1.2 投入智能制造的基本原则

如果企业智能制造的重心是在"制造"上而不是在"智能"上，例如在

[注] 此处"働"为日文用字，"働"字的含义是将人的智慧赋予设备，使设备具有像人一样的检查功能。——编辑注

工业 1.0 或工业 2.0 上融合"智能"的话，那么将不能充分发挥"智能"的作用；如果企业具有非常雄厚的工业 3.0 的制造技术基础，那么对于智能制造生产方式的需求也显得没那么迫切。因此，企业想投入智能制造，必须按步骤进行，如果想一步到位或者一下子投入较高水平的智能制造装置或生产线，那么终究会因为对于"智能"的理解不够或者因"制造"的功底太浅，而达不到引入智能制造所预期的目的，那样的话，由于投入了大量的资金并转移了深入探索工业 2.0 或工业 3.0 知识的工作重心，企业必将遭受巨大损失。

企业在有智能制造规划时，应先从改进现有制造模式做起。从外部的市场到内部的业务，企业通过全面提高业务标准来提升企业整体实力。企业在真正理解如何使客户对产品和服务满意，如何提高业务质量，如何降低成本，如何获取知识，如何将人的知识基于提高质量、提高效率、提高安全性赋予设备等内容之后，再来考虑智能制造的生产方式才是正确的时机。

企业想利用智能制造绕过发达国家在工业 2.0、工业 3.0 上百年积累起来的产品研发技术、生产技术、制造技术以及市场技术，且在同一竞争平台上取得优势是困难的，或者说是不可能的，因为制造的水平和实力并不取决于设备（即便采用智能设备）的单一要素，制造水平和实力涉及的是一个较大的系统，至少包括 5M1E 这些硬实力，以及企业文化和改善力等软实力。

参照他人的做法，只要有了智能设备就可以投入智能制造的想法也是不可取的。别人成事的规律只能学习但不能套用，适合自己的成事规律只能来自对于自己实践的总结，如果自己没有相应的经验积累，那就意味着以后的首要任务是以更快的速度积累。

企业投入智能制造需要按步骤进行，分清轻重缓急地按照阶梯方式投入，不必追求同时和全面彻底。这样做的好处在于先投入的部分可作为后面的"探路者"，避免因大面积不适合而导致无可挽救的损失。无论如何，针对工业 2.0 和工业 3.0 知识的积累永远是重要的。如果企业投入了智能制造，仍然需要积累工业 2.0 和工业 3.0 的知识和经验，那么企业将陷入极大的被动。

6.2.2 投入智能制造不等于无人管理

6.2.2.1 无人生产线不是智能制造生产线

通常认为,在作业中的生产线上看不到作业者,即可称为无人生产线。无人生产线是生产线自动化程度划分的一个等级。无人生产线从来都不该是智能制造所追求的目标。如果企业要实现生产线无人化,那么采用自动化生产线即可实现,根本就不需要应用智能制造生产线。

许多企业在投入自动化生产线时就走了弯路,花费重资购买了不需要作业者参与的自动化生产线。一般而言,生产线自动化等级按照生产时人员的参与程度可分为四个级别,见表6-2(以机加工生产线为例)。

表6-2 机加工生产线自动化等级

自动化等级	特征	人员需求状况	备注
一级	工件由人工推入机床,完成加工后由人工拉出机床	1)每台设备都需要人操作 2)检验工作	人负责推入和拉出工件以及检验工作
二级	工件由人工推入机床,完成加工后由机床自动推出	1)每台设备都需要人操作 2)检验工作	人负责推入工件以及检验工作
三级	工件由机床自动拉入,完成加工后由机床自动推出	1)必要的工作需要人辅助 2)部分检验工作	人负责部分检验和辅助工作
四级	工件由机床自动拉入,完成加工后由机床自动推出;其他辅助工序全部由设备自动完成,实现无人生产线	部分检验工作	人负责部分检验工作

通常情况下,企业要将生产线转变为现场无人参与的自动化生产线,可以从自动化等级为二级或三级的半自动线入手,然后按照需要进行持续改善并逐步实现自动化。

6.2.2.2 智能制造不能是为了节省人力

引入智能制造只是为了"节省人力"或者可以实现"无纸化"等观点属于只见树木不见森林,如果企业对智能制造的理解仅仅停留在表层上,那么其后果必然是不能充分发挥智能制造系统的巨大作用。

智能制造系统能够减少作业人员数,但其根本作用在于最大限度给客户创造价值,且给企业营造更显著竞争力的同时带来更丰厚的利润,并开创更大的生存空间。

即使企业引入了智能制造生产线，也可以继续保留作业人员参与工作，此时人的作用应该是使生产线的信息物理系统（CPS）发挥更好的作用。当然，通过增加生产线的自动化和智能化程度，企业可以逐渐减少智能制造生产线上的作业人员数量，而减少的人员可以从事更高端的工作，例如决策管理工作。

对于制造现场生产线而言，不管是工业 2.0、工业 3.0 或者是更先进的智能制造系统，正确理解现场中人的作用，尤其是人与设备的关系是重要的，这有助于现场确立持续改进的方向和增强持续改进的动力。

对于管理者来说，生产线上的人不应该仅仅是单纯的作业者，设备也不应该是单纯的生产工具。在生产过程中，人借助设备对本工序深挖涉及产品制造过程的知识和技巧，探求将人所获取的知识转变为功能再赋予设备的方法，以期望该设备在之后的产品制造过程中性能更加卓越。

在产品制造过程中，如何理解由"人""机""物"构成的制造系统，对于提升和管理制造现场的生产性至关重要。在此系统中，"人"起到获取和提供"智慧"的作用，"机"起到人的肢体的作用，其目的是精确地发挥人的思维和智慧。生产线建立这样的"人""机"关系，会在产品生产过程中不断使设备和生产线的自动化程度、智能化程度以及制造产品的能力水平得到提高，如图 6-2 所示。当然，人与设备的这种组合作用和不断付诸实施是获得实质性效果的前提，只有这样，人的能力和生产线的能力才能得到不断提升，最终才会使生产线的业绩水平不断提高。

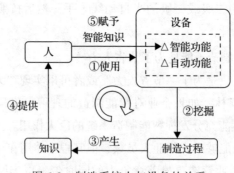

图 6-2　制造系统人与设备的关系

如果认为生产线上的人只是辅助设备完成相对固定的作业内容的话，那么不管企业采用何种生产方式，都不会有好的业绩和前景。

由于我国工业革命起步较晚，因此我国工业发展水平处在工业1.0、工业2.0、工业3.0和智能制造四态并存的状态还会维持较长一段时间，但是无论如何，企业在投入智能制造之前，着力夯实工业2.0和工业3.0的基础是非常重要的。

我们要长期塑造和发扬务实严谨、精益求精的精神，不仅注重培养大批量的技术骨干，更要注重培养大批量的技能骨干。尤其是对于技能骨干的培养，企业着实需要下一番功夫，以快速和显著提高我国制造业的总体水平。

6.2.2.3 丰田的"少人化"与智能制造异曲同工

丰田汽车公司对于现场改善所倡导的"少人化"是评价生产线改善程度的重要工具，生产线实施"少人化"的改善步骤如图6-3所示。

图6-3 生产线实施"少人化"的改善步骤

在图6-3中，"省力化"体现在制造现场的各个具体作业工序上，经过评估可以确定需要改善的环节；生产线上各个改善环节改善效果的累积就会从该生产线的整体效率提升上体现出来，从表面上体现的是"省人化"，从深层次上体现的是现场人员改善力的提升；各个生产线改善成果的累积及持续保持改善的状态，就形成了制造现场以"少人化"推进持续改进的组织文化。

1. 省力化

现场改善首先需要关注的是费力的作业工序或环节，费力的作业是许多问题产生的根源。费力的作业可能会导致工伤、身体耗损、效率低下、质量不良、无法遵守作业标准等情况，这些情况常常是引发问题的原因。因此，现场改善需要先识别耗费体力的场所，并使之得到彻底的改善，改善可以以人机工程学中的相关标准或规则为基础进行。

2. 省人化

"省人化"是指通过对现场"省力化"及排除浪费等方面的持续改进，使得需要人工作业的时间逐渐缩短，包括空走时间、取拿工件时间、等待时间等，这种做法积累起来的结果将使得一个人逐步负责更大范围的作业，最终结果就会省掉一个人或者数个人。通过这样长年累月的改善，生产现场会一直呈现缩减人员的情况，也就达到了"省人"的效果。

需要指出的是，缩减人员似乎是改进的目的，尤其在丰田汽车公司，衡量一个改善成果大小的依据是——如果能减掉一个人的话，就会认为获得了较大的改善成果。但需要注意的是，省掉一个人不是短时间一下子就能实现的事情，事实上只有通过对流程不断地加以改善且改善成果积累到一定程度后，才能够减掉一个人。"省人化"是评价生产现场改善程度和效果的有力工具。

3. 少人化

"少人化"是指生产现场要将"省人化"作为改善的常态，纳入日常工作当中去。作为一个以某一级别自动化生产线为基础的长期改善工作，"少人化"经过数年之后可能会使生产现场的作业人员数量减至非常少的状态（例如从初始的10人减少到4人），这也意味着该生产线已经具备了很高的自动化程度。这一结果与企业直接引入自动化生产线相比，同样获得了生产线高水平的自动化程度，但通过自己长时间不间断改善的做法，另外的收获是培养出了一大批高水平的现场改善人才，铸就了现场难能可贵的改善氛围，这是一条通往强大制造现场能力的宽广之路。

4. "少人化"与智能制造

通过上面的介绍可知，"少人化"的过程是持续改善的过程，也是不断发掘知识的过程。智能制造并不强调"少人化"，但是它依靠高"智能"的投入来发掘知识和提高运营绩效，随着智能制造生产线"智能"程度的提高，也会取得减少人员的效果。因此可以说，"少人化"策略与智能制造策略从达成的结果看有共通的地方，但区别在于"少人化"改善现场的策略所需资源的投入要少得多，而依靠智能制造生产方式来培养人才的路径尚需要继续探索。

6.3 智能制造的本质

智能制造是第四次工业革命在制造领域的主要体现。企业如何在当今大力开展智能制造的热潮中规划自己的战略进程,显然是非常重要的问题,因为这是决定企业未来发展状态和前景的大事件。

企业采用智能制造生产方式是形势需要,也是大势所趋。但是,要成功投入智能制造,企业首先需要了解智能制造的本质,这是企业为什么要投入智能制造的重要原因,也是决定智能制造如何投入的理由和依据。

6.3.1 智能制造的内涵

由于智能制造概念对于许多企业及其决策者来说尚属于较新的概念,对其所包含的深刻内涵存在不准确或肤浅理解的现象。然而,许多企业想借助智能制造这个"巨大法宝"来改变企业的经营状态,迅速成为行业的领跑者,似乎发现了一下子能够拯救企业摆脱艰难境遇的"灵药"。基于此,本书特别设置了以下内容以进一步探讨有关企业现有生产模式,或者智能制造该怎样为企业做出应有的服务,或者企业该如何发挥其应有作用。

对于智能制造的定义,各国有不同的表述,但其内涵和核心理念大致相同。我国工业和信息化部推动的"2015年智能制造试点示范专项行动"将智能制造定义为:基于新一代信息技术,贯穿设计、生产、管理与服务等制造活动各个环节,具有信息深度自感知、智慧优化自决策、精准控制自执行等功能的先进制造过程、系统和模式的总称。智能制造具有以智能工厂为载体,以关键制造环节智能化为核心,以端到端数据流为基础,以网络互联为支撑等特征,可有效满足产品的动态需求,缩短产品研制周期,降低运营成本,提高生产效率,提升产品质量,降低资源和能源消耗。

智能制造是一种集自动化、智能化和信息化于一体的制造模式,是信息技术特别是互联网技术与制造业的深度融合、创新集成,目前主要集中在智能设计(智能制造系统)、智能生产(智能制造技术)、智能管理、智能制造服务这四个关键环节[3]。

智能制造是实现整个制造业价值链创新的重要手段,它融合了信息技术、先进制造技术、自动化技术和人工智能技术。智能制造包括开发智能产品、智能装备、智能过程（智能生产线等）、智能供应链、智能管理、智能服务，最后实现智能决策。

传统的制造系统在第一次、第二次和第三次工业革命中主要是围绕 5 个核心要素进行的，它们包括：

- 人（Man）——具有岗位资质、知识与技能的作业者；
- 机器（Machine）——具有高精度和高可靠性的生产装备；
- 材料（Material）——具有高性能和高一致性的物料；
- 方法（Method）——使工序或生产线具有高生产性的策略和手段；
- 测量（Measurement）——用于探明过程结果状态的行为和手段，这里用到的工具一般称为检测装备。

5M 的改进本质上都是以人要素为主导，依据人的知识和经验展开的，人是驾驭 5 大要素的核心。生产系统在技术上无论如何进步，进行的逻辑始终是：发生问题→人基于经验分析问题→人基于消除根本原因的知识和经验调整 5 大要素→消除根本原因→解决问题→将人获取的新知识和新经验标准化→人的知识、经验得到提升。

智能制造系统区别于传统制造系统最重要的要素在于第 6 个 M，也就是建模（Modeling）——数据与知识建模，包括检测、预测、优化和预防等，并且可以通过第 6 个 M 来驱动其他 5 大要素，从而解决和避免制造系统问题。

智能制造运行的逻辑是：发生问题→模型（或在人的帮助下）分析问题→模型调整 5 大要素→解决问题→模型积累知识并分析问题根源→模型调整 5 大要素→避免问题。智能制造要解决的核心问题是知识的产生与传承过程[4]。

智能制造是智能技术与制造技术的融合，利用智能技术来解决制造的问题。在过去的工业 2.0、工业 3.0 中，人们在制造技术上投入了大量的精力，针对不同的生产输出目标得到了如何配置 5M（人－机－料－法－测）等级和规模的知识。但是，在如何开发和应用智能技术来简化制造过程，以及提高生产性方面，没有太多的经验积累。

智能制造就是把人工智能技术和设计制造有机结合起来，把人工智能技术应用到产品设计当中来。

6.3.2 实施智能制造的目的

智能制造是我国由制造大国向制造强国迈进的必然方向。智能制造作为新的生产方式,源于对人工智能的研究,掌握人工智能技术,无论对于未来研发智能化产品,还是开发智能化制造过程以及智能工具都有重要意义。

1. 提高产品质量

无论是零部件的机加工生产线,还是产品的组装线,对于其中需要保证关键质量特性的工序来说,企业可以设置专门的感知装置,实时监控维护产品关键质量特性参数的当前状态以及变化趋势,一旦将要溢出质量管理阈值时,智能系统便会自动决策并调整成最佳制造条件状态。这样便实现了设备自主控制其制造条件,使不产生不合格品成为可能,其结果就是大幅度提高产品质量。

尽管智能制造对于质量管理的出发点是不产生废品,但是仍需要设置另一个控制功能,就是一旦有一件不合格品出现,就需要做出停线和报警考虑,因为这可能是智能控制系统的功能出现了异常。

2. 提高生产能力

智能制造系统通过合理和准确地安排产前、产中和产后的各种事项,使与生产有关的各个环节在时间上有最紧凑的安排,哪里并行工作,哪里怎样衔接工作都给出合理的布置,从而使每一台设备都能按要求高效工作,使每一分钟都得到充分利用。另外,智能制造系统采集的制造过程大数据可以实时了解生产流程,有利于做出持续的改进工作。这样的话,生产线的产能势必会大大得到提高。

3. 实现生产过程高度目视化

产品生产过程的目视化程度直接反映了产品生产过程的管理程度。目视化的目的是通过直观地显现生产过程被控要素的状态,来反映产品过程受控的程度。目视化管理的作用就是一旦所控制的生产条件发生偏离,就能尽快发现,其后由相关的责任人紧急处理。这样的状态是工业 2.0 或者工业 3.0 的水平,智能制造要达到的目标就是一旦所控制的生产条件发生偏离,就能尽快发现和纠正（即自动纠偏），并将相应的纠正过程以数据的形式保留下来。

4. 提高生产计划执行率

智能制造系统通过物联网应用技术，使生产过程相关环节的物－物有机连接，准确传递信息，使生产计划得以有序和精准地执行，这为提高企业的核心竞争力创造了有利条件。

5. 增强企业预测能力

企业是以订单为依据安排生产活动的。预知市场的需求趋势对于企业运营具有重要意义。例如，未来2个月市场的需求是怎样的，这个数据的准确与否会直接影响零部件采购部门制定采购计划的准确性。从智能制造的角度看，市场需求的大数据会预示需求的趋势，这有利于企业有针对性地安排未来的生产运营活动。

此外，大数据还能带来生产过程中的信息，例如企业可以跟踪不同供应商供应产品的数据，从而判断供应商的产品供应质量和数量，以便对供应商做出动态评价。同理，企业可以通过市场大数据预测客户的需求，以更理性地做出生产计划来满足客户的需求。

尽管智能制造能对生产现场提供很多帮助，但是它对于现场人员的技能也提出了更高的要求，当然，这也为智能制造环境下的企业人才培养体系和模式提出了新的挑战。

智能制造作为新的生产方式，其目的在于显著提高企业的经营绩效以及市场竞争能力。智能制造系统离不开人－机、机－机、机－物的交互，最后形成无人参与的智能制造现场。

需要指出，所谓"无人参与"是相对的，也就是说"无人化"不是智能制造追求的重要目的。智能制造最大的目标是延伸人的大脑，帮助人在充分数据的基础上快速做出正确的决策。当采用某种程度的智能制造模式时，人的主要任务是分析和管理它是否在设定的模式和能力下正常地工作。如果模式存在缺陷，就需要制定彻底的改进措施，这是现场人员应该具备的重要技能。

6.3.3 实施智能制造的必要性

随着劳动力和原材料成本的逐年上涨,传统制造业的发展压力也逐渐增大。此外,人们越来越意识到传统制造业对自然环境、生态环境的损害。受到资源短缺、环境压力、产能过剩等因素的影响,传统制造业不能满足时代要求,也纷纷向先进制造业转型升级。

随着世界经济和生产技术的迅猛发展,产品更新换代频繁,产品的生命周期大幅缩短,用户多样化、个性化、灵活化的消费需求也逐渐呈现出来。市场需求的不确定性越来越明显、竞争日趋激烈,这要求制造企业不但要具有对产品更新换代快速响应的能力,还要能够满足用户个性化、定制化的需求,同时具备生产成本低、效率高、交货快的优势。显然,之前的大规模自动化生产方式已不能满足这种时代进步的需求。

因此,全球兴起了新一轮的工业革命。生产方式上,制造过程呈现出数字化、网络化、智能化等特征;分工方式上,呈现出制造业服务化、专业化、一体化等特征;商业模式上,从以制造企业为中心转向以产品用户为中心,体验和个性成为制造业竞争力的重要体现和利润的重要来源。

新的制造业模式利用先进制造技术与迅速发展的互联网、物联网等信息技术,通过计算机技术和通信技术的深度融合来助推新一轮的工业革命,从而催生了智能制造。智能制造已成为世界制造业发展的客观趋势,许多工业发达国家正在大力推广和应用。

虽然我国已经迈入了世界制造大国的行列,但是制造业大而不强,面临着来自发达国家加速重振制造业而带来的高端封锁与后发国家以更低生产成本承接劳动密集型产业快速追赶的"双重挤压"。就我国目前的国情而言,传统制造业总体上处于转型升级的过渡阶段,相当多的企业在很长时间内的主要模式仍然是劳动密集型,在产业分工中仍处在中低端环节,产业附加值低,产业结构不合理,技术密集型产业和生产性服务业都较弱。

在国际社会智能发展的大趋势下,国际化、工业化、信息化、市场化、智能化已成为我国制造业不可阻挡的发展方向。制造技术是任何高新技术的实现技术,只有通过制造业升级,才能将潜在的生产力转化为现实生产力。在这样的背景下，我国必须加快推进信息技术与制造技术的深度融合，大力推进智能制造技术研发及其产业化水平，以应对传统低成本优势削弱所面临的挑战。

6.4　智能制造系统架构与运维

6.4.1　智能制造系统架构

《智能制造发展规划（2016—2020年）》指出，智能制造是基于新一代信息通信技术与先进制造技术深度融合，贯穿于设计、生产、管理、服务等制造活动的各个环节，具有自感知、自学习、自决策、自执行、自适应等功能的新型生产方式。智能制造系统架构从生命周期、系统层级和智能特征三个维度对智能制造所涉及的活动、装备、特征等内容进行描述，主要用于明确智能制造的标准化需求、对象和范围，指导国家智能制造标准体系建设。智能制造系统架构如图6-4所示。

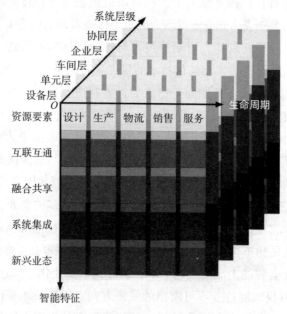

图6-4　智能制造系统架构

1. 生命周期

生命周期是指从产品原型研发开始,到产品回收再制造的各个阶段,包括设计、生产、物流、销售、服务等一系列相互联系的价值创造活动。生命周期的各项活动可进行迭代优化,具有可持续性发展等特点,不同行业的生命周期构成不尽相同。

1)设计是指在满足市场需求和相关约束条件情况下,对产品功能进行原理选择、结构确定以及其后的仿真、验证、优化等一组研发活动的过程;

2)生产是指通过劳动创造所需要的物质资料的过程;

3)物流是指物品从供应地向接收地实体流动的过程;

4)销售是指产品或商品等从企业转移到客户手中的经营活动;

5)服务是指提供者与客户接触过程中所产生的一系列活动的过程及其结果,包括回收等。

2. 系统层级

系统层级是指与企业生产活动相关的组织结构的层级划分,包括设备层、单元层、车间层、企业层和协同层。

1)设备层是指企业利用传感器、仪器仪表、机器、装置等,实现实际物理流程并感知和操控物理流程的层级;

2)单元层是指用于工厂内处理信息,实现监测和控制物理流程的层级;

3)车间层是实现面向工厂或车间的生产管理的层级;

4)企业层是实现面向企业经营管理的层级;

5)协同层是企业实现其内部和外部信息互联和共享过程的层级。

3. 智能特征

智能特征是指基于新一代信息通信技术,使制造活动具有自感知、自学习、自决策、自执行、自适应等一个或多个功能的层级划分,包括资源要素、互联互通、融合共享、系统集成和新兴业态五层智能化要求。

1)资源要素是指企业对生产时所需要使用的资源或工具及其数字化模型所在的层级;

2)互联互通是指通过有线、无线等通信技术,实现装备之间、装备与控制系统之间、企业之间相互连接及信息交换功能的层级;

3）融合共享是指在互联互通的基础上，利用云计算、大数据等新一代信息通信技术，在保障信息安全的前提下，实现信息协同共享的层级；

4）系统集成是指企业实现智能装备到智能生产单元、智能生产线、数字化车间、智能工厂，乃至智能制造系统集成过程的层级；

5）新兴业态是企业为形成新型产业形态进行企业间价值链整合的层级。

智能制造的关键是实现贯穿企业设备层、单元层、车间层、企业层、协同层不同层面的纵向集成，跨越资源要素、互联互通、融合共享、系统集成和新兴业态不同级别的横向集成，以及覆盖设计、生产、物流、销售、服务的端到端集成[5]。

6.4.2 智能制造系统运维

6.4.2.1 组成

智能制造系统运维包括四个方面，即智能设计、智能加工、智能装备和智能服务。

1）智能设计是指利用现代信息技术，采用计算机模拟人的思维活动，来提高计算机的智能水平，从而使计算机能够更多和更好地承担设计过程中的各种复杂任务。智能设计的产品如果是具有智能特性的智能产品，则可以大大提高客户的体验感和新价值。

2）智能加工是在没有人干预的情况下自动进行的，它综合应用如力传感器、热传感器、变形传感器、声传感器、视觉传感器等各种不同传感器，检测加工过程中的结构变形、切削热、机械振动、噪声等物理现象，根据已掌握的加工知识和工艺知识，建立加工过程的数据模型，而后依据加工模型理论值与检测值的比较结果，计算出相关的调整量，并以此驱动执行机构的动作，对加工状态进行自动调整，按照给定的约束有条理地进行加工作业[6]。

3）智能装备是指具有感知装置、精确控制装置、精准执行装置、自我性能诊断与维持功能，以及高水平专业技术（知识）的智能系统。

4）智能服务是指通过主动捕捉用户的原始信息，后台对积累的数据构建用户的需求结构模型，进行智能数据挖掘和商业分析，除了可以分析用户的习惯、偏好等显性需求外，还可以进一步挖掘与时空、身份、工作生活状态关联的隐性需求，主动给用户提供精准、高效的服务，并以此提高用户满意度。

6.4.2.2 维护

企业在购入智能制造装备以及使用智能装备进行正常生产时，应制定一个系统化的智能装备管理和运维体系，管理和运维体系原理框架如图6-5所示。

图 6-5　管理和运维体系原理框架

图6-5中第一大支柱的核心内容是，对于生产设备尤其是智能制造这样的高端装备，在智能制造生产线筹备时务必本着选择高端和优质设备的原则，这对于设备投入使用后无故障和高精度运行，以及高效率生产出高质量的产品具有重要意义。

图6-5中第二大支柱，即"预防故障发生"是指在所订购的设备投入应用之前，就要筹划未来如何使智能设备和智能生产线在生产过程中不发生故障。为了达到此目标，企业应该事前策划好完善的设备保全体系，包括设备保全人员的技能，设备保全台账、保全基准、备件明细、病例记录表等。

在"预防故障发生"的准备过程中，关键的一项工作是设备厂家对于设备调修方法、易损件更换方法等重要内容要非常全面细致地传授给企业的保全人员，做到对逐台设备的调修操作均达到目标要求。

图6-5中第三大支柱是"快速正确修理"。这意味着设备在使用过程中一旦出现故障，那么企业的设备保全人员应能以最短的时间恢复设备的运行。这需要满足三个条件：第一就是备品齐全，第二就是对于设备故障原因有准确判断，第三就是对设备的分解与组装具有熟练的技能。

图6-5中第四大支柱是"设备的改善"。尽管筹措智能制造装备强调要引入优质的设备，但是随着市场需求的不断提升和竞争对手的威胁不断加剧，就需要智能制造设备的性能也随之不断提升，而针对智能设备的不断改进是实现其性能提升的主要途径。

这里需要强调的观念是，企业针对设备的保全工作不能仅仅停留在发生故障的快速修复上即可，而应该追求通过不断改善设备和不断改进设备保全体系，而使设备不发生故障的同时，还要不断提高设备的性能。这看似是不可能实现的艰难目标，但这恰恰是一个企业走向强大的必经途径。

相对于市场而言，无论企业采取怎样的制造技术和生产方式，具有高性价比、高价值和新体验的产品总是需要的。

对于采取智能制造生产方式的企业，面对市场不断提高的产品性能、质量、可靠性以及不断降低成本的要求，企业就必须不断改进智能设计、智能制造、智能服务等各个方面的现有模式，深挖能够提高客户价值的各个因素和机会。这样就需要企业的智能设计、智能制造、智能服务等环节应一直处于动态的改进过程之中，以实时升级当前智能制造参数的方式来保证产品的质量、生产效率、可靠性、制造成本、交货期等方面的优势，以此来满足或超过客户的预期。这是企业保持或增加竞争能力的有效途径，也是维护智能制造系统"智能"的动因。企业采用智能设计、智能制造和智能服务的目的之一就是大幅提高人的能力，来更好地实现企业目标。

企业采取智能制造生产方式后，应该持续研究和探索如何进一步提升产品的质量、生产效率，降低成本和保证交货期，充分发挥智能装备和智能制造生产模式的作用，不断深挖及发现相关联的 5M 新参数，使产品制造过程所应用的工艺参数更加科学、合理，为企业提高经营业绩提供持续的支撑作用。

6.5 智能制造中的"智人"

6.5.1 "智人"的重要作用

智能制造是制造方式发展到一定阶段的产物，是先进制造呈现的一种形式。智能制造的宗旨是以大批量定制的方式和更高的质量、更低的成本以及更准确的交货期来实现客户价值且不断提高客户满意度。智能制造的核心内容是制造，智能制造装备或生产线的"智能"，其作用是通过人的行为和思维使制造过程达成优秀的生产指标，但是生产指标要求是动态的且永远处在增长之中的。这样,智能制造的智能感知、处理、决策以及执行等功能应一直处在动态调整中,有时智能系统内部智能功能的算法也会重新设计,这些工作仍然需要人来干预或承担。此外,智能系统的当前工作状态是否处在要求的正确状态,终究还需要由人来判断。因此实现智能制造的前提是必须具备一大批相应的智能人才,即"智人"。他们懂得和具备从产品设计、产品制造、零件物流与管理、设备运维到市场服务等所有环节的知识和技能,他们掌握使这些业务处在有竞争力状态的技能和方法,他们懂得为什么要进行持续改进以及如何改进的知识。

人始终是"智能"产生、更新、验证、补充必不可少的智慧的源泉。

企业要想一直保持旺盛的竞争能力,就应该提供一直被客户高度认可的产品,应用智能制造系统来保持产品性能与客户需求的动态响应具有较大的优越性。例如,如图6-6所示,如果客户对产品功能需求的范围在 L_1 和 L_2 之间(C_1 为客户需求中心值),而企业提供的产品性能在 a_1 和 a_2 之间(C_2 为企业产品性能中心值),从图中可以看出,a_1 与 a_2 的范围在 L_1 与 L_2 的范围之内且两者中心值重合,这是企业产品制造的理想情形。这种情形的产品可以称为满足客户需求的好产品。

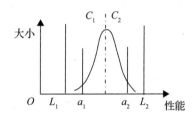

图 6-6 产品性能满足客户需求的情形

另一种情形如图6-7所示,企业提供的产品性能未包括在客户需求期望的范围之中,因而这种情形下的产品不能完全使客户满意。产生这种问题可能是因为所定义的客户需求与客户的真实需求产生偏差,也可能是产品设计或者产品制造与客户需求产生偏离。无论是哪种原因,现实的问题是企业提供的产品已经不能满足客户的需求,定会导致客户的极大不满以及动摇客户对企业的信心,由此也会丧失之前企业苦心经营的市场,因此企业的前途也会暗淡无光。

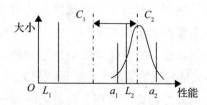

图 6-7　产品性能不能满足客户需求的情形

图 6-8 所示的情形常见于生产线的生产条件（例如 5M）劣化或者质量管理失控致使生产的产品性能发生漂移而溢出客户需求范围。图 6-9 所示情形反映了企业运营过程对于制造条件的管理出现了失控。当这种情况发生时，企业最需要自省的不单是如何在制造系统中增加制造条件漂移的预警功能，更需要在更深层次上寻找制造条件发生漂移的根本原因，进而消除此原因。

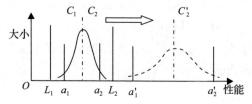

图 6-8　生产条件劣化导致产品性能不能满足客户需求的情形

图 6-9 表示客户的需求发生了改变，由原来的 L_1 到 L_2 范围改变为 L'_1 到 L'_2 范围，但是企业产品的性能没有做相应调整的情形，这同样会导致客户不满意。时刻把握客户需求的变化及其趋势，进而使企业的产品性能做出及时响应，这对于企业赢得市场竞争的主动性具有重要意义。

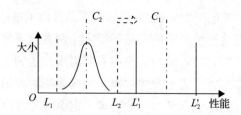

图 6-9　产品性能未及时响应客户需求变化的情形

图 6-10 表示企业产品的功能始终跟随客户的需求而变化，即一直能够满足客户的动态需求，一直能够使客户满意。智能制造的目标就是要永远保持图 6-10 所示的情形。通过大数据捕捉客户需求的变化，企业可以快速协调智能设计、智能制造以及智能服务来紧跟客户的需求。经常面对面（或类似方式）听取客户意见作为通过大数据捕捉客户需求的补充，然后不断改进并提高智能制造系统的快速响应能力，是智能制造环境下企业的重要课题。

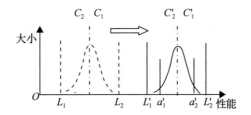

图 6-10　以智能制造系统保证产品性能与客户需求的动态响应的情形

企业需要想方设法地为客户提供满意的产品和服务。提供好服务的前提是掌握客户真实的需求，简单的问卷调查或活动是难以获得有价值的需求信息的。

客户在拥有企业产品之后，客户对于产品就是使用的关系，反过来产品就要为客户提供满意的功能。然而，现有的产品往往还需要让客户为其提供保养和维护服务，甚至还让客户承担着产品功能突然失效所带来的风险（有时这种风险可能是危及生命的）。对于智能服务而言，凡是需要由客户做出的维护或保养等服务事项，或者冒着由产品异常而带来的风险要素，均应该由智能服务系统的功能来承担，只有这样才能实现客户购买产品的价值且大大提高其满意度。

6.5.2　智能制造人才培养

企业在准备进入智能制造生产方式之前，无论当下是处在工业 2.0 还是工业 3.0 水平，首先应该增加现有制造系统的"智能"要素，应该对现有制造系统要素"5M"中的"人"和"机"两大方面进行增加"智能"功能的尝试，这是企业在投入较大成本引入智能制造之前的探索和准备工作。

企业智能制造的"智能"来源于智能制造人才的"智能"，他们积累了"智能"后再将智能赋予设备，那么设备便也具备了相应的"智能"。因此，智能制造人才的培养要以增加智慧或智能为目的，这意味着提出了更高的工作目标和改进方法，企业需要不断探索和开发使工作取得更高成功率的方法。另外，企业应建立一种浓厚的创新文化，即不管是企业的部门还是部门中的成员，都十分理解和愿意以已经取得的成绩为阶梯来进行新业绩的开创。

建立一支不断进取、不断创新、不断自我否定和自我提高的智能制造人才队伍，是企业实施智能制造的基础和保障。

参考文献

[1] 谭建荣, 刘振宇, 等. 智能制造：关键技术与企业应用 [M]. 北京：机械工业出版社, 2017.

[2] 张维为. 这就是中国：走向世界的中国力量 [M]. 上海：上海人民出版社, 2019.

[3] 范君艳, 樊江玲. 智能制造技术概论 [M]. 武汉：华中科技大学出版社, 2019.

[4] 电子发烧友. 智能制造的基本概念以及组成部分介绍 [EB/OL].(2020-03-16) [2023-04-09]. http://www.elecfans.com/article/89/2020/202003161183134.html.

[5] 中华人民共和国工业和信息化部《国家智能制造标准体系建设指南（2018年版）》[EB/OL].(2018-10-18) [2023-04-07].https://www.miit.gov.cn/ztzl/rdzt/znzzxggz/wjfb/art/2020/ art_251879fd6ba94910b28b948d7e409cd4.html.

[6] 自动控制网. 智能加工与智能加工设备 [EB/OL]. (2015-09-18)[2023-04-10]. http://m.eadianqi.com/view.php?aid=2336.